中国汽车流通行业公益慈善研究报告

(2019)

从社会责任走向共享价值

主编／沈进军　王　名

副主编／宋　涛　李　勇

RESEARCH REPORT ON PHILANTHROPY OF
CHINA'S AUTOMOBILE DISTRIBUTION INDUSTRY(2019)

FROM SOCIAL RESPONSIBILITY TO SHARED VALUE

社会科学文献出版社
SOCIAL SCIENCES ACADEMIC PRESS (CHINA)

怀赤子之心　传递公益正能量

（代序）

公益，是指有关社会公众的福祉和利益。在中国古代，倡导日行一善，现代公益也特别鼓励大众参与，倡导把公益善行深入到各项社会活动中，促进道德和文明建设。

这本《中国汽车流通行业公益慈善研究报告》，摘录的是全行业同仁在社会公益方面所取得的成果，虽然吉光片羽，却能管窥一豹。改革开放40年，汽车流通行业的发展有目共睹。伴随着汽车进入千家万户，我们这个行业承担着数以千万计的家庭用车服务，这是我们在社会公益上最为本质却也是最为珍贵的贡献。与此同时，我们还惊喜地看到，经过这些年的探索和实践，汽车流通行业企业的公益在承担与车相关的基本社会责任的同时，不断延展其范围，开枝散叶，惠及社会的方方面面。其中，更有杰出的会员单位，在企业社会责任方面已形成完整、科学的公益战略体系，纳入了企业品牌战略级的考量。虽然我国汽车流通行业形成期较晚，但公益的脚步从一开始就伴随发展的全程，我们不得不为大家的善心和善行击节赞叹、振奋不已。

作为行业协会，我们一直非常坚定和清晰所承担的公益使命，那就是：维护行业利益。这也是中国汽车流通协会从1990年创立第一天起就确定的内容并坚定传承至今。无论是协助政府促进行业发展，还是制定规范强化行业自律，我们都一直牢记初心，并在这些工作中深入贯彻这项使命。同时，受到大家多元化公益行动的启发，协会也一直思考承担行业公益平台的作用，在推动行业公益发展上，努力再朝前走一步，去树立榜样力量，去链接壮大资源，去鼓励催化创新，让行业的公益更加科学，充满活力，造福更加广泛的社会公众。

做公益不分早晚，更不分大小。"勿以善小而不为"，行业的公益影响力，离不开每一位行业从业人员理念上的支持和行动上的点滴努力。百川汇海，聚沙成塔，当我们每一个个体肩膀上担负起集体的使命，人生就有了非凡的意义。

我们永葆初心，我们肩负使命，我们永远向前！

中国汽车流通协会　会长

沈进军

2019 年 5 月 8 日

目　录

第一章
中国汽车流通行业公益慈善的发展

1.1 中国汽车流通行业公益慈善新时代

随着社会经济的发展，中国汽车流通行业逐步从承担社会责任发展到建立战略公益、创造共享价值，流通企业、供应链伙伴、行业协会、车主、公益组织等逐步形成一个多维的和动态的系统，形成共识、横向联合、纵向渗透、共同行动，重新定义着发展、组织和管理，推动着社会的变革及新价值观的形成。

国家政策倡导、行业战略发展、企业品牌建设、车主公益慈善参与等因素推动着汽车流通行业公益慈善共识的形成。其一，从国家层面看，我国和谐社会、生态文明的建设以及人民对美好生活的追求，对企业社会责任的政策引导，推动汽车流通企业越来越关注汽车使用过程中带来的一系列问题，例如尾气、拥堵、交通事故等，这也成为汽车企业开展公益活动的重心。同时，国家政策倡导更多社会力量加入慈善，尤其是参与到扶贫事业中，并且提供一定的免税支持等为汽车流通企业参与公益慈善事业提供指导和鼓励。其二，从行业层面看，随着社会经济的发展，因应汽车流通行业的发展需求，以及行业协会的互益性功能外溢、行业公共责任的需要，中国汽车流通行业越来越重视其公共性和公益性功能的实现，并通过建立行业的公益基础平台、相关标准、活动倡议等推动着协会自身、会员单位及车主在公益慈善领域的共同行动。其三，汽车流通领域企业的自身发展及其因应外部环境的变化，使得公益慈善行为不再是企业被动式的、先盈利后慈善的次序行为，更多地成为企业可持续发展的重要战略。首先，中国汽车流通行业蓬勃发展，为企业从事公益事业提供了更为充足的资金、物资和人力支持。其次，企业不能再将社会责任视为一种时尚潮流或政策要求，也不能视为一种回馈社会的单向付出，而是将公益慈善融入经营活动中，用投资的理念去看待企业的公益慈善行为，这不断推动着企业从承担社会责任（CSR）向创造共享价值（CSV）转型，在支持公益事业、投身慈善活动的同时促进企业自身品牌价值的提升、企业文化的建设以及更为良性的供需关系和公共关系的形成。最后，跨国汽车流通企业的本土化日渐深入，它们期望以公益慈善事业建立"企业公民"角色，从而获得长远发展的愿景，也推动着中国汽车流通行业共享价值的建设。其四，车主的权利意识、责任意识、参与意识的日渐增强，推动着汽车流通行业除了用更为优良的服务来回应以外，也更多地用公益慈善这一最大公约数推动企业与车主之间良性关系的建构。

总体来看，中国汽车流通行业迎来共享型公益慈善时代。汽车流通行业的公益行动，已经从传统 1.0 时代的"输血"型（物质资助），经过 2.0 时代的"造血"型（聚合资源），到如今进入 3.0 时代的"共享"型（合作与共赢），在企业创造社会财富的同时，社会希望企业能够更好地履行社会责任，[①] 通过公益慈善实现企业与社会的资源共享、企业与车主的品牌共建、行业与社会发展的共赢。

①　张伯顺：《汽车业公益行动从 1.0 时代进入 3.0 时代》，《汽车与配件》2013 年第 2 期。

图1　中国汽车流通行业公益慈善时代变迁

1.2　中国汽车流通企业公益慈善的认知与行为模式

20 世纪五六十年代，英美国家的研究者提出并不断完善 KAP 理论模型，以科学的方法提高个人和群体的科学素养，其中 K 代表"知识"（Knowledge），指对科学技术的基本知识和基础概念的了解；A 代表"态度"（Attitude），指对科学知识及其社会效应的态度；P 代表"行动"（Practice），指如何在科学知识的指导下行动，又分为个人行动、组织与群体行动。

具体到汽车流通行业来看，需要注意以下几点。

（1）知识：认识到公益慈善的重要性，但缺乏系统性知识支持。从思想认识上看，汽车流通企业普遍认识到公益慈善的社会影响力和对企业的积极影响；从专业知识储备来看，汽车流通企业缺乏系统的公益慈善知识，将公益慈善与企业社会责任（以下简称CSR）混在一起，尤其是将传统的公益慈善如扶贫救灾看作公益慈善的全部，大大缩小了公益慈善的范围；从公益慈善动机来看，主要是企业家的社会责任感和企业CSR的体现，并响应国家扶贫政策的倡导，对如何通过公益慈善行为及其组织活动推动企业文化发展、企业管理甚至是组织重构，缺乏更为体系化的知识支撑。

（2）态度：绝大多数企业愿意积极投身公益慈善事业。调研发现，95.45%的汽车经销商愿意积极回应社会问题，塑造企业公民形象；95.45%的汽车经销商愿意参与有利于创造社会价值的创新活动。这种较为朴素的认知和态度一方面是企业因应政策、环境、社会的要求或基于企业、企业家自身的偏好所形成的，另一方面是缺乏对专业公益慈善组织及其行为的了解所导致的认知受限而造成的。

（3）行动：绝大多数企业已开展公益慈善行动，关注领域多元，并向专业化发展。在调研中，100%的企业有CSR活动；CSR关注领域多元，包括教育（设立希望小学，提供教育奖学金或助学金）、扶贫救困（参与救灾活动，组织员工和车主捐赠衣物）、环境保护（销售安全节能汽车，减少环境污染）、志愿服务（组织车主和员工担任志愿者）、传播汽车文化（汽车文化节和汽车知识传播，组织多种形式的活动向公众普及交通安全意识）、医疗救助（盲童救助，参与社区医疗）、解决就业等方面；少数企业已设立专项基金，并成立公益慈善基金会，聘请专业人员从事组织管理和项目运作，公益慈善活动向专业化发展。例如，山东润华集团于 2011 年设立"润基金"，专注于希望小学的援建；利星行汽车于 2010 年 8 月设立北京利星行慈善基金会，原始注册资本 1000 万元，活动包括希望小学建设及回访、图书和物资的捐赠、爱心车主发动及爱心车队组织、爱心台历等。

1.3 公益慈善对汽车流通企业的价值分析

从已有研究来看，企业的公益慈善活动将带来企业的品牌美誉度、品牌资产和品牌文化发展，促进企业的可持续发展。由此形成的企业社会责任能为企业的长远发展提供六大优势：改善企业声誉、提升企业形象；提高品牌知名度、增加顾客忠诚度；吸引、留住高素质员工；降低运营成本；增加销售额、市场份额；获得更多资源支持。[1]

---

[1] 张虎：《企业公益战略》，中国经济出版社，2010。

　　本次调研中，消费者认为 CSR 最主要的三个作用依次为：提升企业声誉和社会影响力、提升企业品牌价值、促进企业文化建设。然而，公益慈善对于企业绩效的提升和避税的经济作用并不是最被看重的因素。如企业的公益慈善行为有利于提高企业品牌形象感知。72.00% 的车主认为企业的公益慈善行为会提高品牌的声誉，68.90% 的车主会再次购买该汽车品牌，63.34% 的车主会推荐他人购买该汽车品牌，59.22% 的车主认为企业的公益慈善行为会提高品牌的知名度，33.30% 的车主认为企业的公益慈善行为会提高企业的社会责任。

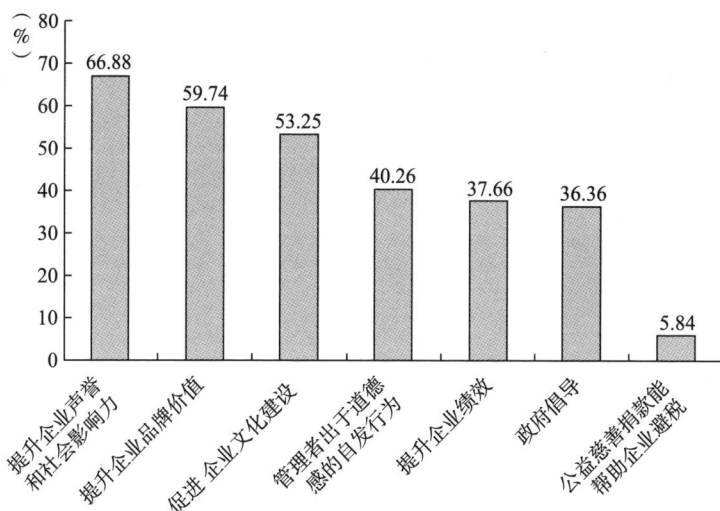

图 2　CSR 对企业的影响

　　行业的视角和车主的视角均为外在的视角，与上文提到的汽车流通领域企业关于公益慈善的知识、认知及行动所反映出的结果相匹配，更高的、更为广泛的价值视角、生态视角以及企业内部视角仍未得到足够的深度思考。

第二章
中国汽车流通企业公益慈善活动分析

2.1 中国汽车流通企业公益慈善发展

2.1.1 践行社会责任与公益慈善活动

总的来看，汽车流通企业的社会责任发展内外并重，并具有从内部社会责任向外部社会责任发展的倾向，同时逐渐从企业社会责任（CSR）向创造共享价值（CSV）发展。

企业的发展需遵守三重底线（Triple Bottom Line），即在企业发展过程中保持经济责任、环境责任和社会责任的平衡。这一原则最早于 1997 年被国际可持续发展权威、英国学者约翰·埃尔金顿（John Elkington）提出，"三重底线"的概念明确了一个企业可持续发展的实现不能只想着如何实现盈利的最大化，而是始终坚持企业盈利、社会责任、环境责任三者的统一。在今天的经济社会中，经济责任已经不是定义企业成功与否的唯一要素，越来越多的企业开始认同可持续性的发展理念，大部分企业开始注重三重底线中的环境责任和社会责任，而不是单纯追求企业的利润。

调研发现，汽车流通企业最主要的公益慈善行为模式是践行企业社会责任，100% 的调研企业有 CSR 活动。同时，企业从关注企业内部责任转为关注企业外部责任，从企业社会责任（Corporate Social Responsibility）向创造共享价值（Creating Shared Value）发展。实践企业社会责任，实现创造共享价值，是当今时代对企业商业活动的一个新要求，即企业在进行商业活动的过程中承担社会责任，创造多重价值，即共享价值。调研发现，55% 的企业认为外部责任（企业对消费者、供应商、政府、自然环境和社区的社会责任）更重要，而 45% 的企业认为内部责任（如对股东、高管、员工等的责任）更重要。

一般来说，CSR 包括企业经济责任、法律责任、伦理责

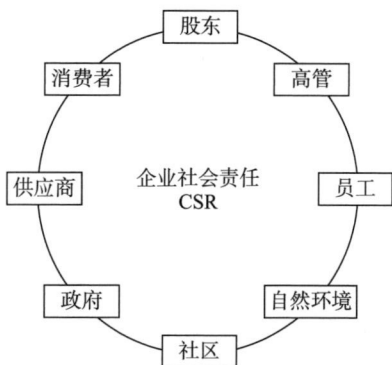

图 3 汽车流通企业 CSR 的 8 个方面

任和社会慈善责任。对汽车流通行业来说,整个产业链所涉及的一系列关于生产、销售以及使用过程的各种企业都应当履行社会责任,包括汽车流通企业的内部社会责任,即对股东、高管、员工等的责任,和外部社会责任,即对政府、消费者、供应商、自然环境以及社区的一系列社会责任,最终实现整个产业各个环节的健康、良好和可持续发展。调研发现以下几点。

(1)对股东的责任:从侧重为股东提供满意的投资回报向促进企业的长期发展转变。汽车流通企业认为树立良好的企业信誉(重要性为86.36%)、保证企业的长期生存和发展(重要性为81.82%)、制定和执行企业长期发展战略(重要性为77.27%)是企业对股东更为重要的责任,而为股东提供满意的投资回报的重要性则排在最末,占比

72.73%。具体见图4。

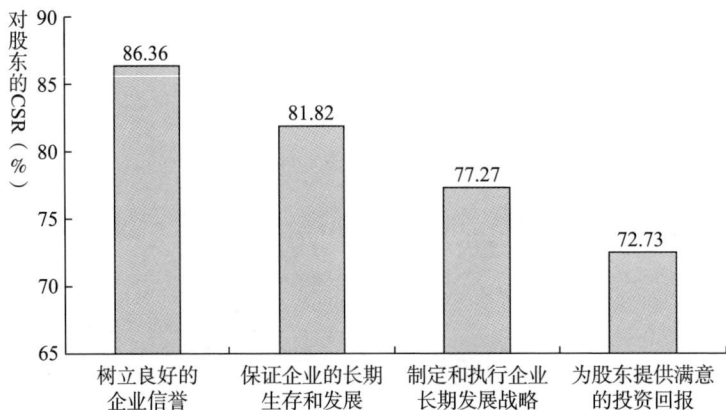

图 4　汽车流通企业 CSR 中对股东责任的重要性占比分析

（2）对高管的责任：同时强调企业对高管的经济支持和声誉发展。不仅强调高管个人的职业发展，如为高层管理者提供良好的发展前景（重要性为 90.91%）和制定科学透明的薪酬政策（重要性为 77.27%），还强调组织层面的良好的企业形象对高管发展的影响（重要性为 68.18%），以良好的品牌形象提升高管的声誉和业界影响力。具体见图5。

（3）对员工的责任：从关注员工的物质需求向精神需求的实现发展，以企业文化认同留住高素质人才。对员工的责任包括为员工提供良好的薪酬和福利，解决就业和社会保障问题，这是最重要的责任。其他包括为员工提供技能培训，提高员工能力建设，建立完善的员工职业生涯管

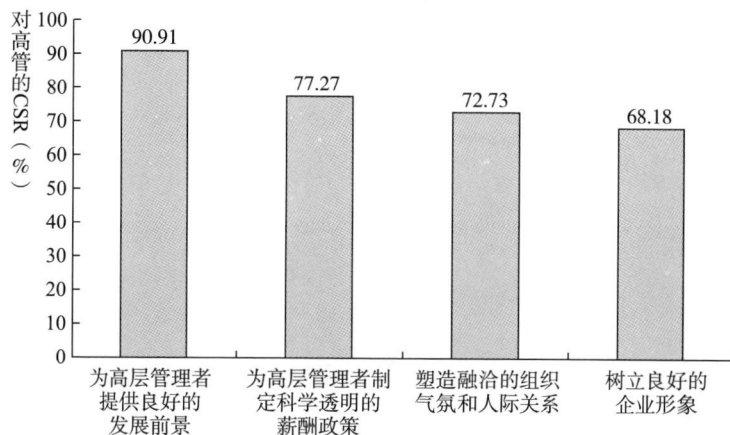

图5　汽车流通企业 CSR 中对高管责任的重要性占比分析

理机制和完善的晋升渠道；重视员工精神的需求，促进员工的自我实现和对企业文化的认同。通过对汽车流通企业社会责任的调研发现，一方面，满足员工生存的物质需求仍占较大比重，如关注员工的薪酬和福利（重要性为100.00%）、社会保障（重要性为90.91%）和安全的工作环境（重要性为59.09%）；另一方面，开始逐步重视员工的精神需求，如进行完善的员工职业生涯管理（重要性为50.00%），解决晋升的精神需求，促进员工的自我实现，进而达到员工个人需求的最顶端。具体见图6。此外，企业的公益慈善有助于提升员工对企业的文化认同，帮企业留住高素质人才，如通过内刊传递集团的公益理念，鼓励员工参与到公益慈善活动中。

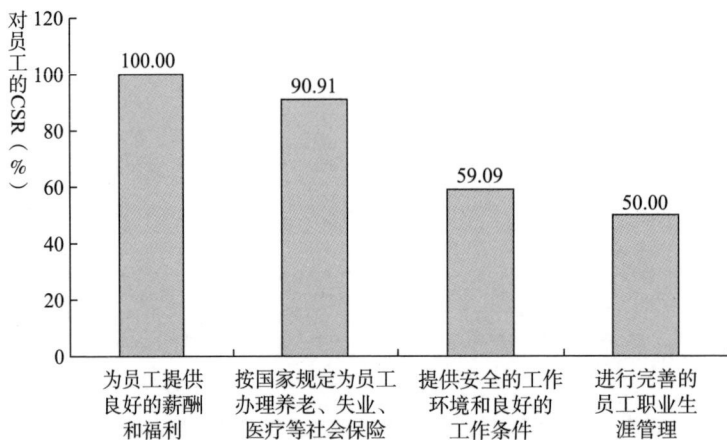

图 6　汽车流通企业 CSR 中对员工责任的重要性占比分析

　　（4）对自然环境的责任：从事环保领域的公益活动、承担相应的社会责任，是汽车流通企业公益慈善行为的一个特色和典型代表。其主要包括如下几种类型的活动。第一，促进新能源汽车的流通。2017 年 6 月，元通汽车集团通过整合下辖各成员公司纯电、混动、插电混合等新能源系车辆资源，联合《钱江晚报》推出第二期"为梦想充电——元通汽车 绿色送考"公益活动，推广新能源汽车。第二，结合行业特色推行安全生产的可持续发展理念。例如利星行汽车根据汽车行业特色，提倡绿色环保的公益理念，2018 年 9 月11 日提出"奔绿色所向，驰安全以恒"的口号，作为企业社会责任的环保新主张，代表着"绿色环保 + 安全生产"的理念，与生态环境部合作，在集团内部倡导安全质量建设，开展绿色安全培训。第三，通过汽车拆解，完成全链条的汽车回收和环保工作。例如广物汽贸股份有限公司积极发展汽车拆解回收业务，推进汽车拆解回收产学研循环经济项目基地的建设，通过寻找项目用地，扩大基地面积，引进先进设备，积极开拓市场等举措，做强做大汽车拆解回收业务。第四，社会倡导活动，从企业对自然环境的责任向支持社会环保意识的提升转变，例如"福特汽车环保奖"鼓励全球 50 多个国家和地区的各阶层人士积极参与保护本地环境和自然资源的活动，促进环保类公益慈善组织的发展。

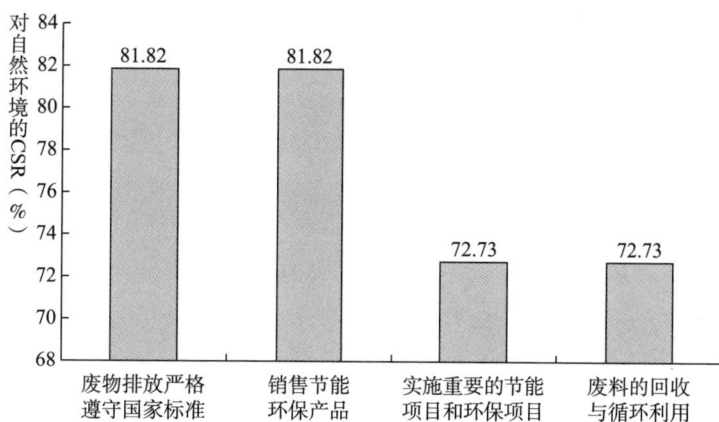

图 7　汽车流通企业 CSR 中对自然环境责任的重要性占比分析

（5）对社区的责任：积极参与社区建设，未来将发展为汽车流通企业社会责任和公益慈善的重点。目前汽车流通企业对社区的责任以解决当地就业问题为主要贡献，100%的调研企业都强调解决就业问题的社会责任，如对失业人口的再就业、农民工就业等问题的解决等。此外，有些汽车流通企业为社区居民提供汽车免费维修和保养服务，例如金阳光集团旗下的店面每月都会有巡修计划，走进社区送服务，甚至在车主的家门口为其提供4大系统27项免费检测、免费机油格赠送服务等，车主邻居、小区业主也可以享受免费的二手车评估、新车资讯等诸多服务；宣传汽车养护知识、安全交通知识等，如绵阳市南鑫二手车交易市场有限公司通

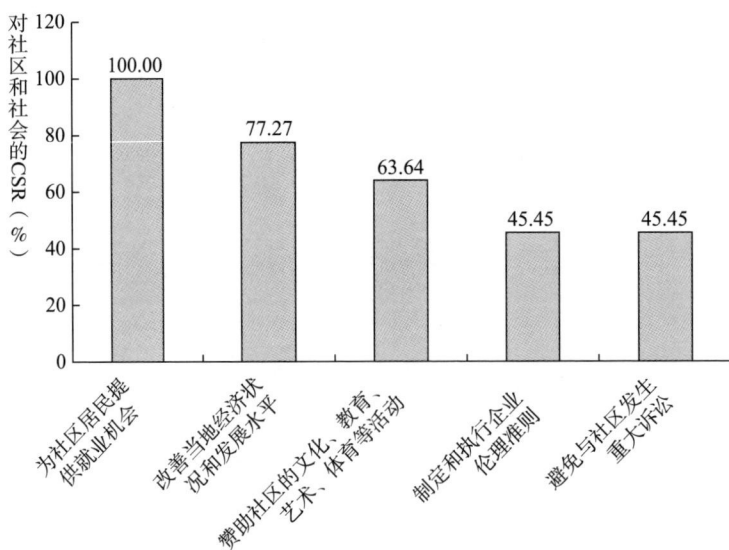

图 8　汽车流通企业 CSR 中对社区责任的重要性占比分析

过警民互动的方式定期开展二手车交易政策法规、交易安全、行车安全、汽车消防安全、安全事故逃生等安全教育培训，提高安全应急处置能力。未来，汽车流通企业可以通过更为丰富的公益慈善活动，包括兴趣类活动、倡导类活动、服务类活动等参与社区治理，实现社会共治，如制定和执行企业社区行为伦理准则、参与社区和谐关系建设等。

（6）对政府的责任：经济贡献与道德贡献并重，企业日常经营活动中的经济贡献和遵纪守法是企业存在的基础，同时企业应追求更高的责任标准。调研发现，照章纳税是企业第一位的经济责任，重要性占比100.00%，而诚信经营、遵纪守法和杜绝商业贿赂成为企业主要的道德责任。

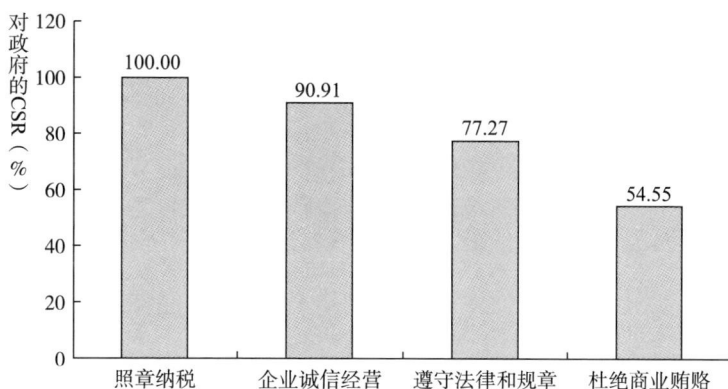

图9　汽车流通企业CSR中对政府责任的重要性占比分析

（7）对供应商的责任：目前以经济互利为主，并逐步通过横向上的联合行动、纵向上的供应链管理如建立绿色供应链，来推动整个系统的公益慈善生态建设。例如，国机汽车集团对分包商的社会责任体现在：执行公开透明的商业原则和流程，规范管理、管办分离、坚持履行合同及协议，推行绿色采购、责任采购等，以长期合作、信守承诺、公开公平、公正采购、共同开发，实现互利共赢。

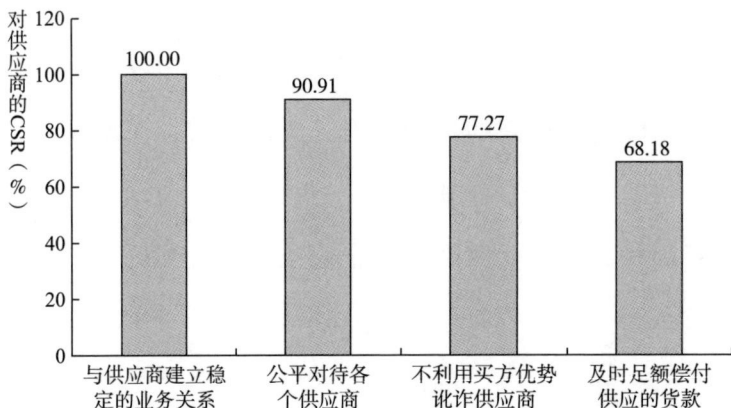

图 10 汽车流通企业 CSR 中对供应商责任的重要性占比分析

（8）对消费者的责任：极致的汽车相关服务仍是企业对消费者最为根本、最为重要的责任，企业注重对消费者的售前、售中和售后服务，并开始以公益慈善为重要中介和最大公约数关注车主更高层次的精神层面需求，采取共同行动。在物质服务方面，山东润华集团设立呼叫中心，积极参与车主救援；英科迪的国际团队将在汽车零售、核心开发平台及工具中的 OEM 与零售系统整合，拥有尖端的技术和专业知识，在国际化和多元化的同时了解不同地域市场的需求，为客户提供稳定、创新和前沿的产品，并专注于强化客户体验。在精神服务方面，大昌行集团设立车友会，组织车主提供志愿服务；盈众集团举办 18 周年艺术节，以文化艺术赏析和公益摄影等活动，帮助车主发现身边的美，促进其对美好生活的追求；元通汽车为了支持浙江体育公益事业发展，加强合作与交流，向浙江省体育基金会捐赠 50 万元，并将在未来两年内继续捐赠 100 万元。

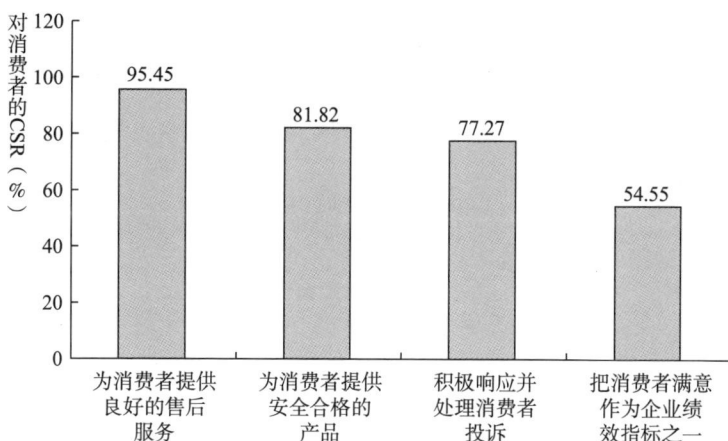

图 11　汽车流通企业 CSR 中对消费者责任的重要性占比分析

2.1.2　汽车流通企业公益慈善活动趋势

总的来看，汽车流通企业在多元领域开展公益慈善活动，由传统型向创新型、专业化发展。

公益慈善类型多样，以传统型的教育资助、环境保护、定点扶贫、医疗救助、抗震救灾为主，其类型占比分别为86.36%、72.73%、59.09%、59.09%和50.00%。其中，山东润华集团救助弱视儿童的公益慈善行为较有特色，从2011年开始，润华奥迪每年举办一次关爱盲童的"萤火虫"慈善活动，倡导"把爱汇聚，让爱光明"，由4S店自行划拨资金支持，联系广播媒体进行宣传，帮助盲童或弱视儿童进行手术治疗，至今已帮助9名弱视儿童。

新型的关注领域兴起，如濒危动物保护、汽车文化传播等。北京惠通陆华汽车销售有限公司积极投身濒危动物保护，2008年，惠通陆华在四川卧龙以20万元正式认养野生大熊猫"虎妞"，体现了对濒危动物的保护；2014年，惠通陆华联合罗布泊野骆驼国家级自然保护区管理局，募集4万余元资金和数十万元的装备，对野生双峰驼进行爱心救助。山东润华集团从2002年起，每年一次坚持举办汽车文化节，以传播汽车文化、倡导理性消费为使命，积极保护环境，与社区共同营造和谐氛围，承担社会责任。润华集团一直致力于做社会化的企业，希望以汽车文化的宣传，创造共享、共利、共赢的发展环境。

从单纯的捐赠到成立专项基金、基金会，职业化、专业化的公益慈善行为方式日益受到重视。企业的公益慈善行为不再限于捐赠，更多是通过专业机构或部门开展活动，将公益慈善行为纳入企业发展的整体战略布局中，推动更多利益相关者的参与，在参与中推动企业内部文化建设、组织建

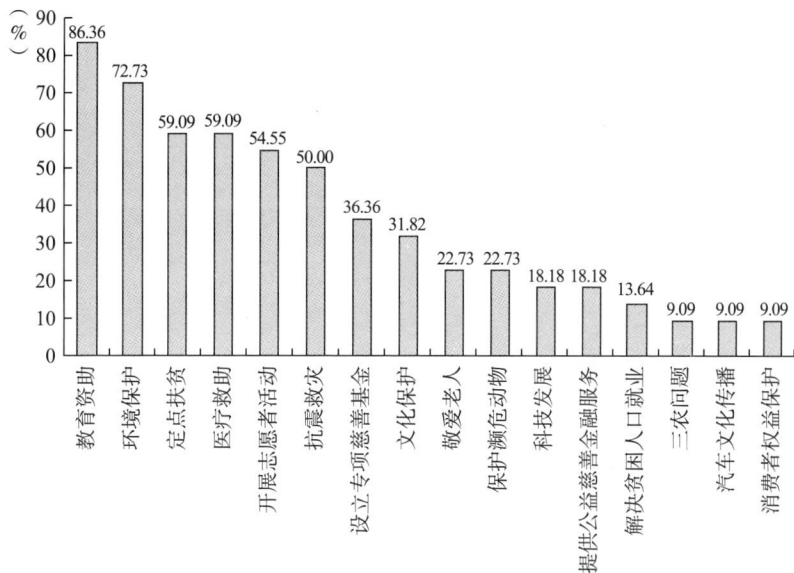

图12　汽车流通企业的公益慈善活动类型

设，推动外部资源整合、共同行动。

组织车主和员工开展志愿服务受到重视，向日常化、组织化方向发展。组织车主参与自驾游，并运输慈善物资，是汽车流通企业较为普遍的与车主互动的方式。此外，组织车主参与志愿服务成为一种新的潮流。大昌行集团倡导车主和员工提供志愿服务，提高公益慈善的亲身参与度。其在香港和内地均设有车友会，国内设有义工队，目前包括员工和车主一千余人，参与到关爱老人、环保植树、社区服务等方面的公益慈善活动中。

2.2 典型案例

（排名不分先后）

2.2.1 利星行汽车：专业化发展

利星行汽车的公益慈善活动的发展是一个从传统公益慈善逐步迈入组织化、专业化的过程，是一个将公益慈善活动融入企业运营与管理，同时又保持两者相对独立运作、互为补充的过程。

利星行汽车是一家跨国公司，总部设在香港，下设机械、地产、物流、融资租赁、贸易、汽车等业务板块，遍及多个发展迅速的市场。利星行汽车于 1993 年进入中国大陆市场，是在中国成立最早和目前最大的梅赛德斯－奔驰汽车经销商集团之一。

利星行汽车注重公益慈善的发展，其从事公益的初衷是一个"由内而外"的过程。从内部看，公益慈善之举萌芽于创始人的成长经历和回报社会的善心。从外部看，集团从事公益慈善受到三方面的影响：第一，在汽车流通协会的指导下，将公益与集团品牌进行联合思考；第二，公益能有效提高集团品牌美誉度，成为客户关系管理的纽带；第三，作为企业社会责任的体系，公益慈善是保持与各地市场、政府良好关系的桥梁。

从组织架构看，利星行做公益的组织机构设计包括两个层级，一个是管理公司的企业事务部，做系统项目设计和理念传播；一个是各地经销商，自发实施公益行为。而大部分的集团公益都通过集团的慈善基金会实施开展。

2010 年 8 月，北京利星行慈善基金会成立，在北京市民政局注册，原始基金数额人民币 1000 万元，是非公募性质的慈善基金会。基金会还没有全职员工，全部由集团内部的员工担任志愿者提供服务，比如北京团队负责财务，上海团队负责管理。利星行汽车在日常活动中坚守集团基金会"非公募"的性质，坚决不对外界募捐，只是通过在活动中加入公益成分，作为品牌宣传的一种方式，对包括车主在内的公众传输集团的公益理念并达致共同认知与共同行动。主要的公益慈善活动包括希望小学建设及回访、图书和物资的捐赠、爱心车主发动及爱心车队组织、爱心台历等。

各地经销商也自行开展公益慈善活动。各地经销商与当地政府合作开展项目，如抗震救灾、给老师做体检（大连）、希望小学持续与定期帮扶（全国利星行希望学校所在地）等，由当地经销商自己承担费用，自己决定在公益领域的相关活动。

从公益慈善的领域来看，利星行汽车主要关注三个方面。

（1）教育领域之希望小学建设。"星耀未来，惠泽桃李"帮扶青少年教育行动计划，规划建立100所希望小学，目前与各地教育基金会合作成立的希望工程小学、中学已达33所。随着教育精准扶贫的推进，未来基金会的教育项目向更为精准化、软件化发展，不再是整体建设学校，而是改为满足学校的某一具体部分的需求如操场、食堂的建设及学生活动的开展，更贴合学校实际的需求，更为精准。

（2）结合行业特色的可持续发展。根据汽车行业特色，提倡绿色环保的公益理念，2018年9月11日提出"奔绿色所向，驰安全以恒"的口号，作为企业社会责任的环保新主张，代表着"绿色环保＋安全生产"的理念，与生态环境部合作，在集团内部倡导安全质量建设，开展绿色安全培训，如在北京、上海进行的百人规模的安全培训，这在行业内还是首次。此行动意在面向社区环境和内部员工，推动可持续发展。

（3）企业社会责任之员工晋升体系。注重员工的发展，体现对员工的企业社会责任。集团建有自己的培训学院，设计了一套完整的员工晋升规划和渠道体系，即接待→技师→销售→经理等，对18000名员工负责，使员工晋升没有天花板。

此外，利星行汽车特别注重将公益活动融入企业品牌建设中。集团不会单独做公益活动，而是融合在品牌推广的活动中，作为品牌特色的一个标签。比如展厅内的活动、六一儿童节车主活动、内部拍卖会等。集团特别注重品牌中的公益理念的传播，其动机有两方面：对内鼓励员工更多地参与到公益活动中，通过内刊传递集团的公益理念，鼓励员工的公益行为并给予精神性鼓励；对外体现企业的社会责任，在行业内和车主心目中树立良好的品牌形象，提升品牌资产。集团的公益行为需要集团给予充分支持和辅助，首先是资金来源，集团效益好才有资金支持基金会发展和公益活动开展；而更为重要的一点是人——集团的员工以义工的形式承担基金会的日常工作，如财务管理、项目管理、志愿服务等。

同时，利星行汽车公益与车主的互动频繁，利星行的奔驰车主以年轻化、懂车、爱车、有品位、慈善意识高为特色。将公益融入客户关系管理（CRM）中：一方面通过与车主的互动传播集团的公益理念；另一方面组织车主参与到公益活动中，如捐赠图书、衣物、提供车队参与物资运输等。

利星行汽车公益台历：2018 年援助听障儿童聆听世界封面

利星行汽车企业责任：奔绿色所向，驰安全以恒

利星行汽车首届公益夏令营，百名希望学校孩子会聚北京

利星行汽车校企合作人才培养：培黎项目

利星行希望学校项目：第 30 所利星行希望小学新校牌揭幕
典礼在安徽白湖镇举行

2.2.2　润华集团：一流汽车服务品牌打造者

润华集团的发展过程是服务品牌建设不断推进的过程。润华不仅仅是一个企业的名称，更是一个品牌。在打造润华品牌、形成品牌相关的资产和价值、扩大集团社会影响力和品牌美誉度方面，社会责任与公益慈善扮演着重要的角色，服务品牌建设发挥了巨大的作用。

润华集团股份有限公司是一家综合性大型股份制企业集团，是山东省政府确定的全省首批51家现代企业制度试点单位之一。汽车贸易和汽车服务业一直是润华集团重点发展的主导产业之一。主要经营奥迪、宝马、奔驰、雷克萨斯、凯迪拉克等豪华品牌以及通用、大众、丰田、克莱斯勒等主流中高级乘用车，形成了"豪华车品牌 + 中高端乘用车品牌"的品牌结构，满足各类汽车消费群体多元化的购车需求。润华集团营销服务网络立足济南，覆盖全省，已在济南、济宁、潍坊、青岛、菏泽等地建设4S店集群式汽车园区12个，汽车标准4S店60余家，初步建成百公里一小时汽车生活服务圈。完善的汽车服务功能、高标准的服务水平、战略化的网络布局使润华集团成为山东省汽车行业的翘楚、全国汽车流通行业的知名品牌。

　　润华所在行业属于服务业，关系社会大众的福祉。润华本着对社会高度负责的态度和敬业精神来发展润华事业，实现社会价值最大化，主动承担社会责任，参与社会公益事业、积极保护环境、促进社会文明，与所在地区的政府和社区共生、共长、共发展。自成立以来，润华集团一直秉承着"滴水有愿、润我中华"的信念与宗旨，长期参与各类公益事业：润华集团自2002年起已经连续举办十七届汽车文化艺术节，自2004年起已经连续十五年冠名趵突泉灯会。同时，润华集团积极参与慈善事业，多方面、多层次积极回报社会。1998年，润华为济南治理小清河，捐赠车辆；2003年，非典来袭，润华捐献药品；2008年，汶川地震，润华捐献10万元人民币，50万元的药品；2009年，润华药业向四川灾区捐献价值120万元的药品；润华集团于2011年联合中国青少年发展基金会成立"润基金"，定向援建希望小学，重点是在山东省贫困地区援建希望小学。截至2018年，已经援建7所润华希望小学。

　　润华集团的公益慈善活动主要依托于"润基金"，专注于教育方面的爱心活动，关爱青少年发展，从物质资助到素质提升等多方面促进青少年教育发展。此外，润华集团致力于汽车文化的传播，开展促进汽车文化发展的公益活动。具体来说，包含以下四方面举措。

2.2.2.1 资金支持——设立 "润基金"

"滴水有愿润华心，润我中华若水情。"为了进一步履行企业的社会责任，更好地整合润华爱心公益活动，润华集团发起成立了"润基金"项目。"润基金"成立于2011年10月17日。在润华集团·山东省第十届汽车文化艺术节上，润华集团携手中国青少年发展基金会共同筹建了"润基金"，专项用于在山东省内定向援建希望小学，旨在帮助农村青少年健康快乐成长。"润基金"承载了润华集团回馈社会的企业理想，充分体现了润华集团"滴水有愿、润我中华"的企业使命，标志着润华集团的公益捐赠事业走向规范化、常态化，进入了一个全新的阶段。

2.2.2.2 硬件支持——建设希望小学

在青少年公益事业方面，援建"润华希望小学"。根据"润基金"捐助计划，自"润基金"成立之日起，"润基金"与中国青少年发展基金会合作，以"百年润华，百年希望"为理念，以每年一所希望小学的援建速度，资助贫困地区，回馈社会，预计到 2020 年，共建成 10 所润华希望小学。另外，"润基金"还向"润华希望小学"捐赠一定数量的教学器材，用于改善贫困落后地区的教学硬件设施；设立奖学金机制，以资助优秀学生顺利完成学业。与此同时，"润基金"还会在其他需要支持的地区继续投入，建设更多的"润华希望小学"。

2.2.2.3 软件提升——"润基金"夏令营与学生素质提高

随着社会经济的发展，单纯的物质援建已经不能满足当今乡村学生的需求，许多乡村孩子缺的不是钱，而是与城市孩子同样开阔的视野、受教育的机会和对未来人生的追求与规划。围绕青少年的长远发展创新服务内容与模式，开创希望工程"润基金"夏令营，这标志着润华青少年公益事业从单纯地帮助学校建设校舍、改善教学硬件，加大了对学校后续发展、学生素质提升等软实力方面的关注。

在"润基金"成立 5 周年之际，对于未来的公益助学模式，润华集团有了新的思考与启示：从注重硬件设施的投入建设，到改善学校软环境、为师生提供与外界交流的机会，由此带来乡村学生素质的真正提升，帮助他们成长、成才。

2016 年、2017 年、2018 年连续三届希望工程"润基金"夏令营就是基于以上思考的探索与实践，通过对孩子进行品德、知识的教育和引导，激发他们的学习热情，鼓励他们从小树立远大的理想，培养高尚的道德情操，立志做德、智、体、美、劳全面发展的合格人才。

与此同时，润华集团还开展"润华支教日"的系列活动。润华集团依托"润华希望小学"建立了"润华车友爱心基地"，每年组织各种互动类公益活动，号召车友关注希望工程、支持希望工程，组织车友代表参加"润华希望小学"的志愿支教活动，开设音乐课、舞蹈课、泥塑课、书法课等，以更多丰富、精彩的课堂内容帮助孩子们不断开阔眼界，增强学习兴趣。车主的参与丰富了"润华支教日"的意义和内涵，也促进了车主与汽车经销集团的共同认知与行动。

2.2.2.4　文化传播——开办汽车文化节

作为一家以汽车服务为主导产业的企业，早在 2002 年，润华就致力于树立并推广一种和谐的汽车文化，并以此作为打造"百年润华"的核心切入点。随着汽车市场的发展，尾气、能耗、拥堵等问题越来越突出，但人们的生活方式不可能倒退。"设想一下，我们生活中的哪样麻烦不是由我们现在所享受的文明所带来的？就像我们已经离不开空调、手机、电视和互联网一样，我们离不开汽车，它们最有问题，但同时，它们也最重要。"润华集团董事长栾涛说，"我们应该相信善意的技术进步会达成更美好的生活，这是人类对汽车文明的一种自省和改进。"在此背景下，润华从 2002 年起，每年一次坚持举办汽车文化节，以"引领汽车潮流，传播汽车文化"为理念，积极保护环境，与社区共同营造和谐氛围，承担社会责任。

2.2.3 大昌行集团：与车主、员工共同行动

大昌行集团的公益慈善行为的典型特色是与车友会、员工共同行动，其反映了车主和员工作为公民的责任意识、参与意识和大昌行企业的社会责任，在共同的价值认知基础上采取共同行动，推动着企业与车主共同慈善行为的类型化、网络化、品牌化。

大昌行集团有限公司（大昌行集团）于 1949 年成立，为中信泰富子公司，公司总部设于香港，并于香港联合交易所主板上市，现时营运业务达 70 年。大昌行集团是一家经营多元化业务的企业，包括汽车及汽车相关业务、食品及消费品业务以及物流业务，其中汽车占比超过 75%。大昌行集团的业务遍及中国、日本、新加坡、加拿大。大昌行集团拥有专业的员工及先进的资讯系统，致力于为顾客提供优质的产品及服务。

大昌行集团有超过 50 年汽车分销及代理经验，代理汽车类型广泛，包括乘用车、商用车、电动巴士及特种车，于大中华地区经营汽车代理，设立了逾 100 家陈列室及 4S 特约店，拥有广泛的汽车相关业务组合，包括汽车维修、二手

车买卖、零配件买卖、汽车租赁、融资租赁、保险中介服务、游艇销售、机场地勤设备服务及工程项目。

大昌行集团的公益慈善行为主要以"大昌车友会""大昌行义工队"为突出代表。大昌行集团设立义工队的初衷是在集团层面的公益活动之外，为员工层面的公益慈善行为提供平台和机会，加深员工对公益的感知。大昌行集团在香港和内地均设有车友会，联合车主进行公益慈善活动。香港车友会设立于1996年，内地的车友会成立于2013年。虽然两地车友会各自活动，但是保持一定的互动，如统一行动标准和口号，共享高端客户资源等，2019年将开展两地车友会及义工队的协同合作。

大昌车友会的日常活动包括三个方面。（1）搭建与车主的日常沟通媒介，保持与客户的日常联系。内地主要依托大昌车友会的微信公众号，面向人群为4S店的车主及可能购车的人群，在该公众号上展示汽车相关介绍、汽车评价、新客户调研、试乘试驾等服务信息，后台连接公司的CRM系统，为70万车主提供服务，保证车主与集团的日常顺畅沟通，为义工队提供参与人员的储备力量。（2）设立呼叫中心（call center），为车主提供及时的救援、咨询解答，解决车主的投诉等问题。（3）参与品牌建设的活动，协助维

护品牌形象。活动包括三个层级，分别为：集团层面的大型
自驾行，是结合公益的车友会活动，如川藏公益自驾行活
动；汽车品牌自行开展的公益活动，如雷克萨斯在广西捐赠
红书包的公益活动；4S 店日常活动，如小型积分兑换、爱
车养护课堂等。

大昌行义工队的每次活动都积极号召车主参与，已购车
的客户在义工队的号召下，积极参加义工队的日常活动，如
参加集团、品牌和店面的公益活动，以亲身参与为主、捐赠
物品为辅。目前，义工队开展的公益慈善活动主要包括以下
四方面内容。

（1）关注儿童弱势群体。如深圳义工队关爱自闭症儿
童，并开展对自闭症儿童的父母的情感关怀；对山区儿童的
爱心助学，如 2018 年在"99 公益日"活动中，义工队与腾
讯公益、麦田教育基金会合作，支持山区儿童美术教育的
发展。

（2）关爱老人。如义工队定期去敬老院探望老人，捐
赠食品和乒乓球桌，为老人办生日会、表演节目等，为孤寡
老人送温暖。

（3）关注环境保护。如每年在植树节举办公益植树活
动，利用回收垃圾举办环保 DIY 活动，捡拾海边的垃圾等。

（4）社区关怀。关怀员工，创办活动中心，每周开展一次健身课程；开展员工健步走活动，步数累计一万步即可捐赠给爱心机构。

"大昌行义工队"最初由香港总部发起，2012年在内地成立，由集团内部员工组成，在云南省和华南、华东区域组建不同区域的分队，目前已有1000多人参加。其中，华南区域每月组织一次活动，提前规划活动安排，明晰活动分工，招募义工，每次保证20～30人参与。义工队在每年年底举办"义工嘉许礼"，邀请集团的高层领导参加，以义工工时考察员工参与公益慈善活动的情况，颁发"十佳义工""优秀义工"等荣誉。

2019年，大昌行集团的义工队将进行全国统筹，联合各区域的义工队开展主题活动，开展环境保护（植树造林、海洋监测、水性漆导入等）、教育发展（山区爱心图书馆、"99公益日"助学等）、关怀社区（老者关怀、社会文体公益项目等）和医疗健康（贫困人群疾病救济、自闭症儿童帮扶等）四方面的公益慈善活动。同时，借助第三方公益平台开展公益慈善联盟活动，扩大品牌的公益慈善影响力。

2.2.4　国机汽车：服务即倡导

国机汽车股份有限公司（以下简称"国机汽车"）公益慈善事业的典型特色是践行服务即倡导的理念，以服务为基础，以行业基础服务、员工参与、公益链绿色管理等为手段，以创新的方式推动公益活动的进阶。

国机汽车是世界500强企业中国机械工业集团有限公司（国机集团）旗下的一家大型汽车综合服务企业，位列"中国汽车经销商集团百强排行榜"首位。国机汽车秉承"为造车人服务，为卖车人服务，为用车人服务"的理念，以"让汽车生活更美好"为企业愿景，致力于成为"行业领先的汽车综合服务提供商"，为股东、合作伙伴、员工和社会创造价值，努力践行企业社会责任。

国机汽车以"和"为企业文化核心，代表了中国传统的文化价值观，体现了国机汽车"合力同行、创新共赢"的核心价值，是对推动国机汽车近年来快速发展的先进文化价值的提炼，也是国机汽车努力营造和谐、积极、健康、向上的组织氛围，践行体现多方利益相关者利益的社会价值的精神指导。在"和"的企业文化培育下，国机汽车形成"创新、增值、吃亏、共生"的企业文化及系统的企业价值理念体系。其中，"增值"力图通过价值创造为合作伙伴、客户提供高效率增值服务，为股东带来满意回报；"共生"体现了国机汽车与同行者和谐共生，共建可持续发展的中国汽车市场，共建"正直、自律、友善、和谐、幸福"的企业公民形象的愿望；"吃亏"则针对客户，体现了尊重客户的价值主张，以成就客户为理念，建立长期互信，致力于成为客户的成功伙伴。

在这种企业文化的指导下，国机汽车从以下八方面践行企业社会责任，不断加强与利益相关方的沟通，使利益相关方了解公司的企业社会责任理念与实践。

（1）投资者。通过股东大会、信息披露、投资者热线、投资者信箱、投资者会议、路演、反向路演、公司网站等沟通方式，加大公司对投资者的反馈，如加大信息披露力度、努力提升公司盈利能力、吸收市场意见修正公司经营行为，实现投资者对公司盈利水平高、股息分配合理、公司市值不断提高的期望与要求。

（2）监管机构。通过参与制定法规政策、参加相关会议、工作汇报等方式，加快转变经济发展方式，遵守相关法律法规，积极与相关监管机构沟通联系，实现企业的遵纪守法、合规运营、依法纳税、环境保护、节能减排等社会责任。

（3）分包商。在与分包商的合同协议谈判、产品服务、合作开发过程中，执行公开透明的商业原则和流程，规范管理、管办分离、坚持履行合同及协议，推行绿色采购、责任采购。

（4）客户。为客户提供优质、高效、低成本、菜单式的增值服务，严守商业秘密，严格履行商业合同，定期开展客户满意度调查，实现对客户的合同兑现、品质保证、服务保障和互利共赢等社会责任。

（5）同行业者。与同行业者公平竞争、和谐发展，通过参加行业协会和各式研讨会议，承担行业重要课题项目，对行业政策提出意见建议，共享市场研究数据和成果。国机汽车专注进口汽车流通领域20余年，时刻关注进口汽车市场的变化和发展，形成具有行业权威的市场研究成果，包括月度、季度、年度进口汽车市场分析报告和策略研究、专题性分析等，涉及宏观经济分析、进口车行业政策研究、进口车市场可持续发展策略报告、进口车市场研究报告等。这些研究成果一方面反映了进口汽车市场的发展趋势，另一方面成为从事进口汽车业务的企业制定发展战略的重要参考。此外，国机汽车独立开发"中国进口汽车市场数据库"，拥有目前国内最专业、权威的进口汽车行业数据，这一数据库不仅包括行业细分数据，还集成了进口汽车市场的行业信息，以及权威的市场研究报告，供同行业者参考。

（6）员工。提供公平的工资与福利保障，保障员工健康和平安，为员工提供更多的晋升与成长机会，多方面关爱员工，设立职工代表大会、工会、信访办公室，进行员工满意度调查，实现与员工的顺畅沟通和员工意见反馈，提高员工幸福指数。例如，为保障全体员工职业健康和心理健康，建立劳动保护机制，安排员工定期体检，其中本部体检率为100%。

（7）债权人。通过合同、协议，保证如期偿还贷款，加强沟通与联系，提高自身的偿还能力，按时还本付息，实现与债权人的互信合作。

（8）社区。积极参与社区活动，推动公益事业发展，参与社区发展，支援公益事业，提供就业保障，保护当地的生态环境。

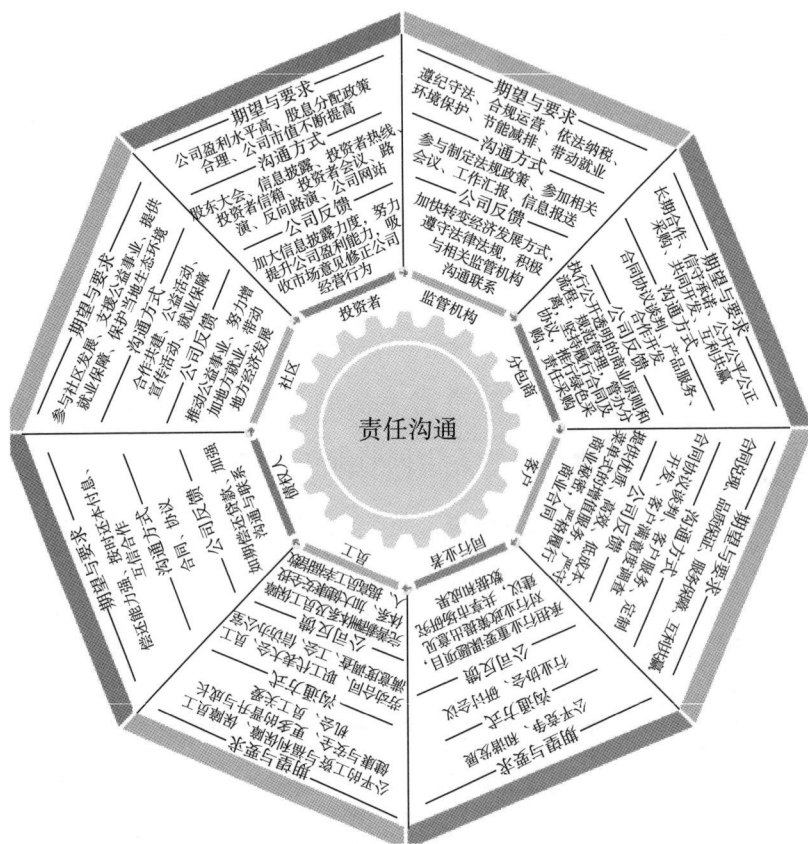

图 13　国机汽车践行企业社会责任的 8 个方面

在公益慈善方面，国机汽车主要关注"扶危助困"和"绿色发展"两个方面。（1）扶危助困。国机汽车响应国机集团的号召，连续八年组织员工开展"国机爱心日"活动，每年捐出一天工资，扶助兄弟企业中的困难员工；2015 年，为青海省黄南藏族自治州同仁县曲库乎学区江龙完全小学和扎毛学区帮扎寄宿学校的孩子们捐赠冬衣；自 2014 年起，旗下中进租赁联合同心互惠公益组织，共同开展爱心捐赠衣物的活动，开展爱心捐赠和助学活动。

（2）绿色发展。作为全国领先的汽车经销商集团，公司通过倡导低碳环保的绿色理念，向合作伙伴、消费者、员工宣传节能减排的良好行为。第一，国机汽车深入探索绿色管理新模式，持续完善节能减排统计体系、监测体系和考核体系建设，将绿色环保理念贯穿设计、生产、应用等运营的全过程，致力于打造全产业链的绿色管理，树立低碳环保的"绿色国机汽车"品牌形象。第二，公司推行绿色办公，推广采用电话、视频等会议形式举办各类会议，降低会议及差旅成本。推进电子办公平台建设，坚持无纸化办公，最大限度地减少纸张、碳粉、打印机、复印机等办公用品消耗，回收处理办公用品废弃物。强化办公场所办公设备、冷暖气系统管理，节约能源。第三，国机汽车倡导各下属企业以绿色为主题开展公益活动，积极推进公益事业的发展，承担企业公民的社会责任。2015 年，中进租赁员工前往平谷石林峡开展了"为青春点赞·2015 公益植树活动"，这是他们第六年开展此项活动；2016 年，国机汽车组织"低碳健步，乐

享生活"低碳健步走活动、"绿色低碳出行"电动车驾驶等
公益活动。

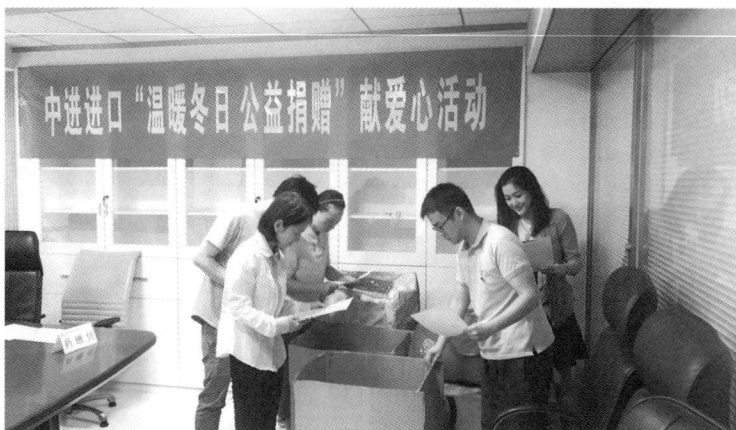

2.2.5　广汇汽车：体验式公益慈善

广汇汽车服务股份公司的公益慈善更为强调价值的融通、服务的规范和体验式的公益慈善活动，其类别化的公益慈善项目、参与式体验式的活动设计、多方参与的运作方式将公益慈善活动渗透到端到端。

广汇汽车服务股份公司是全球最大的乘用车经销与服务集团、中国最大的豪华乘用车经销与服务集团、中国最大的乘用车融资租赁提供商及中国汽车经销商中最大的二手车交易代理商。拥有行业领先的业务规模、突出的创新能力，是中国乘用车经销与服务行业中的领先企业。自成立以来，广汇汽车始终不忘使命，致力于为客户、伙伴、行业创造价值，建立管理和服务标准，成为行业标杆。同时，维护股东、员工、客户权益，积极履行社会责任，成为对社会有责任感的企业。广汇汽车坚持"提供员工发展平台，提升客户满意度，建立良好厂商关系，创造长期股东价值"的经营目标，实现企业和社会共赢，向"最优秀的世界级汽车服务集团"迈进，共创美好汽车生活。

在公益慈善方面，广汇汽车在履行多方面的企业社会责任的基础上，在亲子公益、爱心助学、扶贫助困和环境保护等四方面积极投身公益慈善事业。

（1）亲子公益。广汇汽车合肥风之星丰田店面举办了"2015年一汽丰田儿童交通安全家庭教育行动"暨"小手拉大手，宝贝安全课"活动。在活动现场，可爱的小朋友们通过体验模拟的交通场景，分别扮演机动车司机、骑车人、行人等交通参与者，学习日常生活中最实用的交通安全知识。该活动受到车主家庭的一致好评，通过教育儿童交通安全知识提升车主家庭对汽车经销商公益活动的参与和支持，可以作为汽车流通行业公益慈善发展的一个探索方向。

（2）爱心助学。广汇汽车旗下的汇通信诚自2014年起关注儿童慈善，多年捐资助学，主要针对偏远山区的贫困儿童、留守儿童，捐献学习文具、体育设施、衣物等，覆盖范围上万人，募捐物品数十万余件。其中，以"绘彩童真"项目最具代表性。作为公司"爱汇四海，善通天下"的年度慈善项目之一，"绘彩童真"项目自2014年起已为四川、云南、贵州、新疆超过50所学校，近8000名贫困儿童送去了爱心包裹。爱心包裹以基础文具和美术用品为主，助力儿童多方面能力培养。"绘彩童真"大型公益活动曾荣获中国公益节"2014年度最佳公益创新奖""2015年度公益传播奖""2016年度责任品牌奖"，连续2年荣获中国扶贫基金会"年度扶贫爱心奖"。

（3）扶贫助困。一方面，在集团内部，广汇汽车帮扶困难员工。2017年4月6日，广汇汽车启动以"广聚爱心·汇爱互助"为主题的汇爱互助会，并在全国11个区域先后成立了汇爱互助分会，累计三万余名员工参与此次活动，捐助金额近200万元，援助企业内部困难员工，为员工健康发展保驾护航。作为公司内部非社会团体性组织，汇爱互助会集中各方力量，为入会员工和直系亲属提供帮助。另一方面，在集团外部，积极开展精准扶贫工作，回馈社会。2017年，广汇汽车及下属各区域公司资助金额共计1877080元，其中现金资助1263420元，物资折款613660元；资助社会团体7个，资助个人4132人。

（4）环境保护。广汇汽车在建立健全绿色管理体系和绿色办公的基础上，努力践行可持续发展战略，推动汽车行业及汽车流通行业的可持续发展。2017年，全公司环保工作零事故率，各区域店面采取专业排污办法，切实保证环保排放，与国标同步，努力达成全面节水、节能、降噪等指标，优化工作流程，减少环境污染。

筑梦启航 星愿相随
广汇重庆星顺奔驰
爱心助学捐赠仪式
广汇汽车重庆区域爱心捐赠活动

广西统一战线"同心水柜"
人民币15万元
人民币15万元
人民币15万元
人民币15万元
人民币12万元
人民币12万元
人民币12万元

2.2.6　新丰泰集团：公益慈善与ESG

作为香港上市公司，新丰泰集团控股有限公司（以下简称"新丰泰"）遵守和践行ESG的指引，注重公司与利益相关者的联系，注重公司发展过程中的价值观和行为。公益慈善逐步成为公司ESG披露的重要组成部分。

新丰泰集团控股有限公司是中国领先的汽车经销商集团，成立于1997年，于2000年正式进入中国汽车流通行业。已于2014年5月15日在香港联交所主板进行交易，成为一家在香港上市的公众公司。截至2019年2月，新丰泰已拥有36个运营网点，其中一间为汽车配件物流分销中心，品牌4S店分别位于陕西、山西、内蒙古、江苏、甘肃、宁夏、北京等地区。目前，新丰泰的7个超豪华汽车品牌销售点包括6间保时捷及1间宾利销售点；其余销售点涵盖奥迪、大众进口、梅赛德斯－奔驰、宝马、凯迪拉克、雷克萨斯、捷豹、路虎、红旗等豪华汽车品牌以及上汽大众、上汽斯柯达、一汽大众、一汽丰田、广汽丰田、荣威、吉利新能源等中端品牌。此外，自2004年开始，新丰泰获一汽大众授权，在中国西北地区经营其首家零配件分销中心，此分销中心为陕西省、甘肃省、宁夏回族自治区、青海省及山西省的汽车经销集团提供奥迪及大众品牌零配件仓储服务。

秉承"人－车－健康"的经营理念，新丰泰不断创新，不断提升客户体验，坚持不懈地以客户为中心、基调稳健发展。新丰泰形成了包括汽车销售、零配件销售、售后服务及信息反馈在内的全体系业务链，此外还提供如汽车保险代理服务、汽车消费信贷服务、汽车检验挂牌服务及二手车销售检测交易过户服务，致力于打造一个快速便捷全面的汽车商圈，做客户身边的购车养车专家。

新丰泰集团多年来关注公益慈善，始终积极践行企业社会责任，并力求在能力范围内，实现真正的可持续发展，成为一个有担当的企业公民。新丰泰主要致力于儿童发展、扶贫、宣传汽车知识等公益慈善，其中以关注儿童教育、关爱留守儿童为突出特色。

（1）关注儿童教育。2018 年 4 月 14 日，新丰泰旗下的新铭洋丰田经销店联合该店 RAV4 荣放车主一同开展丹凤县黄蝉小学公益助学活动，发动员工、车主爱心捐助图书、学习用品、文体用品、玩具等。学校主体学生为留守、失亲儿童，负责人前期去学校与校长做了沟通，了解了学校目前所急缺的物资，并参观了校内学前班、宿舍、教室、食堂，一同商讨制定了捐助方案和物品内容，尤其是决定捐助图书室和图书，车友也参观了学校，并与学生进行互动，受到学校教师和村民的一致好评和感谢。

（2）关爱留守儿童。2009 年保时捷中国正式启动"溢彩心"企业社会责任项目，以关注中国下一代的成长为宗旨，从关注偏远地区的儿童教育，逐步拓展到关注青年艺术人才的长远发展，显示出其独特的方向。2019 年 1 月 29 日，作为保时捷中国经销商企业社会责任专项基金支持的首批 6 个公益项目之一，由西安高新保时捷中心联合保时捷中国及共青团陕西省委和陕西省青少年发展基金会共同发起的"情暖童心"关爱留守儿童公益项目于西安正式启动。项目申请到的 40 万元基金全部用于捐助贫困留守儿童，捐助范围覆盖深度贫困地区、国家级贫困县区、团省委两联一包联系点等县区，拟定吴堡县、子洲县、西乡县、蒲城县、扶风县、商州区等共 20 个县区，扶助 1000 名 6～14 岁建档立卡的贫困户少年与儿童。

（3）扶助儿童福利院发展。2018 年 4 月 29 日，新丰泰骏美·一汽大众开展"靠近你，温暖我"公益活动，绿叶公益志愿者携手新丰泰集团一汽大众车友俱乐部，相约咸阳市儿童福利院爱加倍幸福家园，陪伴福利院儿童度过美好的时光。2018 年 12 月 25 日，新丰泰集团向西安儿童福利院捐赠 20 万元，支持儿童福利院的硬件和软件设施建设。

（4）宣传汽车知识，普及汽车文化，帮助车主多方面了解爱车。2018 年 3 月 5 日，新丰泰庆阳广汽丰田志愿者服务队，参加了由庆阳市宣传部、庆阳市文明办及各级市政单位举办的 2018 年贯彻学习党的十九大精神暨学雷锋志愿服务活动月之"不忘初心学雷锋 志愿服务献爱心"大型公益活动。新丰泰庆阳广汽丰田 4S 店志愿者团队为广大市民免费提供车辆安全知识讲座、汽车养护、车辆保险、汽车金融、购车选车、汽车装潢等知识解答，并为现场前来咨询的群众提供相关免费服务，受到广大市民的一致好评。

（5）绿色行动减少排放公益活动。通过节约能源、支持本地供应商、减少废弃物等，减少温室气体排放。推行绿色教育政策，向员工及股东宣扬环保，推广绿色采购。

2.2.7　澳康达：战略公益的先行者

澳康达成立于 1999 年，是一家专注于中高端二手名车的独立经销企业，拥有 1300 多名员工，客户群体覆盖珠三角，辐射华南、华中、华东、华北等全国各地，单店交易量、销售额均高居行业前列，是深受同行、消费者及社会各界赞誉的二手车领导品牌。

澳康达是中国汽车流通协会副会长单位和中国二手车经销商分会会长单位，连续多年荣获中国二手车行业最具价值品牌奖、社会责任公益奖、创新成就金奖、驰名品牌奖等奖项，也被评为全国二手车经营示范基地，其注册商标被国家工商行政管理总局认定为"中国驰名商标"，在行业内外有着很高的美誉度。

能力越大，责任越大。澳康达作为二手车行业领军者，更是一家负责任、有担当的大企业。公司秉承"企业/客户/员工/社会四方共赢，一切为多赢而努力"的企业理念，不仅在公司运营上勇于创新、引领行业发展，同时作为慈善践行者，多年来，义不容辞地投身到慈善公益中，为行业做出表率。

2013 年，在董事长陈祥发先生的倡议下，澳康达在深圳市民政局注册成立"澳康达慈善基金会"，致力于将慈善做得更加专业化、系统化，自基金会成立以来，持续助力众多公益项目，尤其是在扶贫济困、救灾赈灾、教育支持、医疗支援、乡村建设等方面做出了积极贡献。

2018 年，澳康达将慈善目光聚焦到城市"美容师"——环卫工人身上，正式成立"环卫工人关爱基金"，专项捐赠300 万元支票，并与罗湖区慈善会共同制定了《守护"马路天使"——澳康达环卫工人关爱计划》，通过四大关爱项目，从关注环卫工人延伸到关爱他们的家庭、子女成长，从物质资助深化到教育支持，形成对罗湖区的环卫工人立体化、全方位的关爱与资助。该项目已经成为全市的典型慈善项目。

澳康达公司开展的公益慈善项目主要具有以下特点。

第一，以关爱学子起步，设立冠名奖学金。2013 年，澳康达为支持深圳职业技术学院汽车与交通学院研用协同育人工作，设立"澳康达奖学金"，关注大学生就业问题。学生是祖国的未来和希望，通过支持产学研用，解决学生就业问题，是对民生项目的务实关怀，也是提高企业声誉和知名度的有效做法。

第二，助力环境改善，关爱环卫工人。环境保护是与汽车流通行业甚至整个汽车行业紧密相关的领域，澳康达不仅专门成立了针对资助环卫工人的"守护马路天使"项目，还参与了深圳市城市环境品质提升行动的捐赠。不只把"环保"的目光放在卫生绿化方面，更深入国计民生的关怀层面，受到外界一致好评。

第三，紧跟大政方针，积极参与扶贫。2017年，澳康达慈善基金会相关负责人参加罗湖区深入挂点帮扶对象陆丰市湖东镇竹湖村开展的扶贫调研，并向湖东镇竹湖村捐赠善款用于精准扶贫。澳康达慈善基金会参与扶贫项目支持与前期进行的一系列善举积累密不可分，是企业坚持践行公益慈善的结果。

第四，关爱生命，对抗重疾。澳康达对生命的关注体现在两个员工支持项目和每年都举行的"无偿献血公益行"活动上，全体澳康达人积极参与无偿献血行动。上到企业领导层下至各级员工，都受到澳康达的公益精神的指引。通过员工们的集体行动形成良好的公益氛围，点滴小爱，汇聚大爱，是企业增进凝聚力的重要途径。

澳康达公益慈善行动的特点在于三个方面：首先，从项目实施来看，它从传统公益慈善领域出发，不断创新，持之以恒，最终形成具有自身特色又与行业息息相关的慈善代表项目；其次，从善举方式来看，以资助项目为主，以企业收益直接回馈社会，成效显著；最后，从行动路径来看，成立企业基金会，将企业运营和公益行动分开，一方面便于企业管理，另一方面有利于公益行动的专业化，这也是国外不少企业（甚至行业协会）所采用的公益慈善模式。

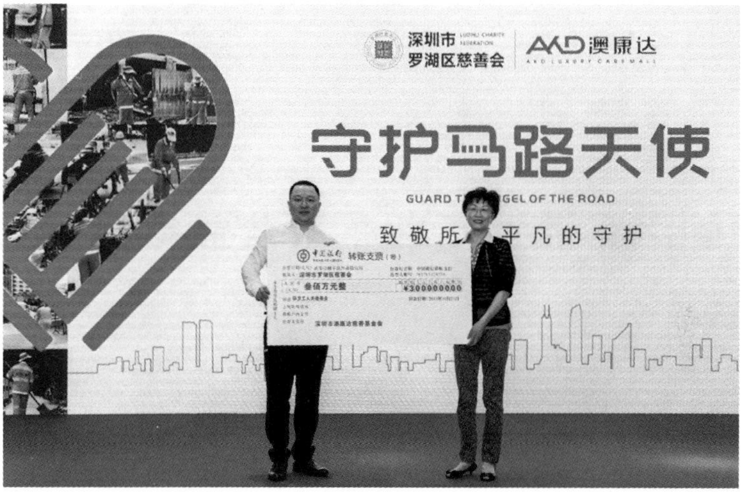
深圳市
罗湖区慈善会
澳康达
守护马路天使

第三章
中国汽车流通行业车主公益行为分析

3.1 车主参与公益慈善共建的动机分析

通过对国内外学术研究的分析发现，车主参与公益慈善活动的动机机制可以概括为八种，涉及社会学、经济学、社会心理学、人类学、宗教学等多学科的研究视角和影响因素。

（1）需求感知（awareness of need）。包括物质需求（如食品、帐篷、药品、血液、器官等）、社交需求（如社会关怀）和心理需求（如心理安慰），捐赠者对以上需求的感知会推动其进行慈善捐赠，且感知到的需求越大，捐赠的意愿越大。

（2）恳求（solicitation）。当捐赠者被恳求时，他们往往愿意进行捐赠。

（3）捐赠的成本与收益感知（costs and benefits）。成本涉及捐赠物资的实际成本，捐赠者的心理损失感知，以及捐赠时天气状况、温度所带来的身体舒适与否等；收益则主要包括捐赠后获赠的礼物，而研究发现给捐赠者提供礼物会降低其以后捐赠的意愿。

（4）利他（altruism）。即捐赠者为受助者提供帮助的利他主义。

（5）声誉（reputation）。主要考虑到捐赠者在捐赠后的社会影响，研究发现，捐赠会提高捐赠者的社会声誉，尤其是与受捐者或慈善机构的工作人员面对面，有眼神接触，捐赠行为被广而告之时，正向效果会增强。

（6）心理受益（psychological benefits）。研究发现捐赠会给捐赠者带来积极的心理影响，如增加对自己个人形象（self-image）的利他性、同理心、社会责任、有影响力的感知，因此，个人为了维护自己的个人形象而捐赠。同时，好心情会增加个人的捐赠意愿（如收到打折券），原谅他人和感激生活的美好时也会更愿意捐赠。

（7）价值观（values）。如人道主义（humanitarianism）、平等主义（egalitarianism）、亲社会价值观（prosocial value）、非物质主义、宗教信仰、社会规范（social norms）等都会促进个人的慈善捐赠。

（8）捐赠效用（efficacy）。如果个人认为其捐赠能为慈善事业贡献一份力量，是有效的、积极的，那么个人也愿意进行捐赠。

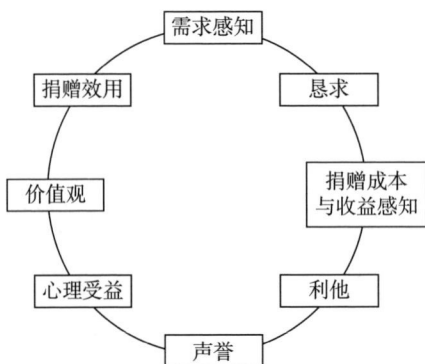

图 14　车主参与公益慈善的八大动机

3.2　车主积极参与汽车流通企业的公益慈善共建

调研对全国 29 个省市自治区的车主共 734 人发放问卷，

回收 521 份有效问卷，有效回收率为 70.98%。

　　调研发现，车主有积极的意愿参与公益慈善，83.88%
的车主参与过公益慈善活动，73.90% 的车主愿意参与汽车
流通企业的公益慈善活动。车主参与的公益活动仍以捐赠物
资（如图书、衣物，占比 47.60%）和捐钱（如设立教育基
金，占比 18.81%）为主，志愿服务所占比例有待提高，如
随车队运输物资占比 24.18%，组织车友支教占比 8.45%。
具体见图 15。

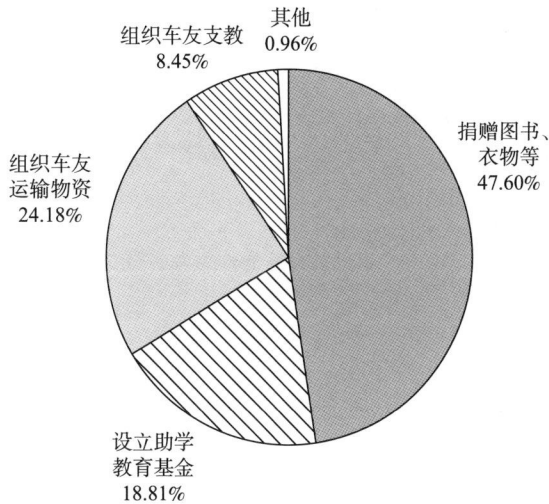

图 15　车主参与过的公益慈善活动比重分配

　　青年车主是从事公益慈善事业的主力，参与公益慈善活
动的车主，年龄为 23 ~ 34 岁的占比为 54.71%（见图 16）；

结婚和有子女会促进车主参与公益（见图17），在参与过公益慈善的车主中，75.97%的车主已婚，71.62%的车主有子女，可见，"亲子公益"是未来企业公益慈善行为推动车主参与的一个关注点。

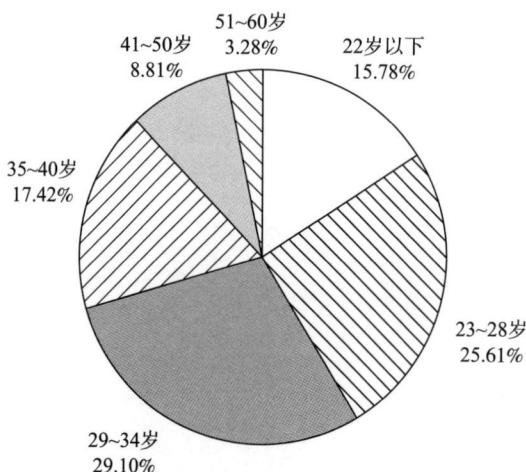

图16　参与过公益的车主年龄分布

车主关注的公益慈善领域较为丰富，其中环境保护、抗震救灾、教育、医疗和扶贫救困是重点领域，可以成为汽车流通行业带动车主参与公益慈善的重点关注领域。

在车主与汽车流通企业共同创造公益慈善品牌建设的意愿方面，61.23%的车主愿意参与汽车流通企业的公益慈善品牌共创。车主的品牌共创行为有利于提升品牌的知名度、美誉度、忠诚度和业内口碑，68.90%的车主愿意继续购买

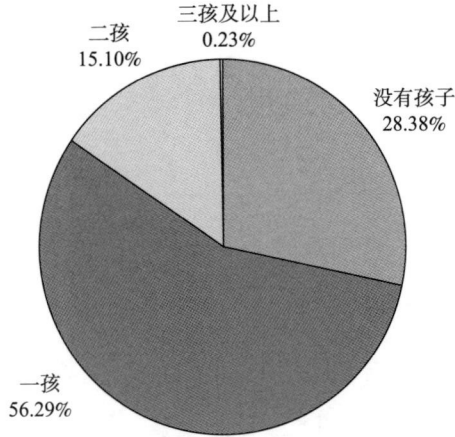

图 17　子女数目对车主参与公益慈善的影响比重

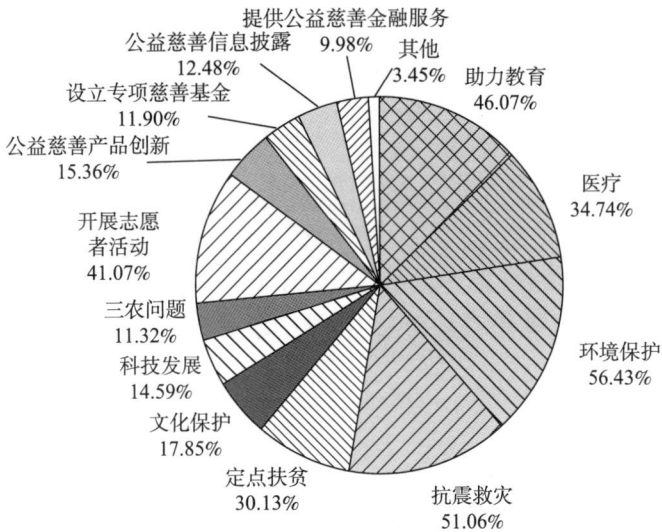

图 18　车主关注的公益慈善领域分布

该品牌的汽车，65.26% 的车主认为该品牌比竞争对手更为人所知。同时，车主的品牌共创行为有利于车主自身的社会价值实现、社会地位提升，60.46%的车主认为品牌共创行为提高了其社会地位，61.23%的车主认为参与品牌共创满足了自身的社会期望。

从调研来看，目前车主参与汽车流通企业的公益慈善品牌共创具有以下特点。一方面，车主参与企业公益慈善品牌共建的意愿较强，有61.23%的车主愿意参与汽车流通企业的公益慈善品牌共创。另一方面，汽车流通企业未能为车主提供参与公益慈善的组织化机制，车主参与品牌共创需要企业提供组织化的专业支持和内容支撑。60.84%的车主认为企业需要设立车主俱乐部或相关组织来促进品牌共创和车主－企业关系维持，55.04%的车主认为企业需要为车主参与提供充足、便利的机会，但同时，只有27.26%的车主爱车品牌设立了汽车俱乐部，只有31.58%的车主参与过汽车品牌组织的公益慈善活动，参与比例、参与频次、活动的吸引力等均亟须提高。

第四章
域外经验

　　国外汽车流通行业的公益慈善主要分为四个方面，其一是汽车经销商的公益慈善，其二是汽车车主的公益慈善，其三是汽车俱乐部的公益慈善，其四是汽车企业在流通领域的公益慈善。对于汽车经销商来说，从事公益慈善与企业社会责任（CSR）紧密相连，其目的是通过慈善募捐、参与社会服务来提高声誉，增加经济效益，实现可持续发展。对于车主来说，从事公益慈善与情感和心理诉求有关，其目的是通过参与公益慈善来实现自我价值，获得精神满足。对于汽车俱乐部来说，从事公益慈善是为了提高俱乐部的声誉，吸纳更多会员参与，扩大影响力。对于汽车企业来说，在流通领域开展公益慈善活动的目的是提升汽车品牌的知名度，扩大影响力，获得经济效益。

4.1 国外汽车经销商的公益慈善行为

国外汽车经销商是社区项目和慈善组织的重要支持者，他们以多种方式支持社区发展——从创造高薪工作、创造可观的税收收入到提供经济利益和社会服务，汽车经销商对社区的参与度在不断提高。相应地，他们所获得的回馈也不断增加——业务的增加，社区认可度的提高，企业声誉的提升，企业文化的推广等。

4.1.1 美国行业倡导与案例

4.1.1.1 行业倡导："时代年度经销商奖"

为了表彰杰出的汽车经销商，美国《时代周刊》（*Time*）与 Ally 和 NADA 合作，设立了"时代年度经销商奖"（Time Dealer of the Year Award）。Ally 是一家汽车金融服务公司，主要为新车和二手车提供融资、租赁、库存保险、商业贷款等服务。[1] NADA (National Automobile Dealers Association) 是美国汽车经销商协会,目前已有1.6万家经销商和3.2万家特许经销店成为该协会的会员。[2] "时代年度经销商奖"由汽车行业协会 (ATAE) 高管[3]的成员提名,获奖者在年度NADA展会的开幕式上得到确认。这一奖项设立于1970年,2019年1月24~25日,在美国旧金山举办了第50届"时代年度经销商奖"。这一奖项的评选标准主要涉及两个方面。其一是经销能力,包括客户的满意度,员工的能力、培训、态度和服务记录,财务状况,道德素养,新车销售记录,二手车销售记录,服务销售记录,所占市场份额,工厂及其设施,经销商协会的参与度等。其二是社区服务能力,包括对当地社区和人群的服务,对公民活动、政治活动、教育活动的参与,对特殊群体和特殊事务的额外捐献等。[4]

2019年的获奖者是约翰·阿尔弗维奇 (John Alfirevich),

---

[1] https://media.ally.com/2014-10-13-Auto-dealers-increase-charitable-giving-focus-on-local-communities,最后访问日期:2019年3月14日。

[2] https://www.timedealeroftheyear.com/about/#1529209500502-40ead137-46b4,最后访问日期:2019年3月14日。

[3] 汽车行业协会 (ATAE) 代表了美国和加拿大100多个州和大都市特许新车经销商协会的高管。这些协会响应国家、州和地方各级2万多家经销商的立法、监管、教育、培训和业务需求。

[4] https://www.timedealeroftheyear.com/judging-criteria/,最后访问日期:2019年3月14日。

一位来自伊利诺伊州的苹果雪佛兰（Apple Chevrolet）汽车经销商。阿尔弗维奇在芝加哥汽车贸易协会担任多项职务。2015年，他担任了"慈善一瞥"（First Look for Charity）协会主席，在芝加哥车展的前夜组织了慈善活动和慈善晚会，这次活动共筹集到300万美元，用于帮助芝加哥地区的慈善机构。迄今为止，苹果雪佛兰经销商已向94个组织捐款，这些组织包括美国退伍军人协会、结肠癌联盟、青少年糖尿病研究中心、特殊奥林匹克运动会以及多家学校、教堂和体育队。阿尔弗维奇强调："我相信经销商在他们的社区发挥着巨大的作用，他们为许多伟大的事业捐款，为社区而服务，促进社会的福祉。"[①] 这一评奖活动有效地促进了美国各地经销商积极投身于慈善事业，为社区发展做出贡献。

4.1.1.2　典型案例

美国汽车经销商的公益慈善行为以捐赠和社区服务为主，所开展的公益慈善活动具有多样性，以下案例具有一定代表性。

4.1.1.2.1　真蒂利尼汽车经销商的公益慈善行为

真蒂利尼（Gentilini）是一家位于美国新泽西州的雪佛

---

① https：//www. ally. com/learn/allydealerheroes/nominees/john-alfirevich. html，最后访问日期：2019年3月14日。

兰经销商,成立于 1955 年,在社区参与、社区慈善等方面做出了积极贡献。他们将社区贡献、领导力和志愿者精神视为创建强大、充满活力的社区的基石,同时也将社区慈善视为促进企业蓬勃发展、员工和客户更好地工作与生活的重要条件。该经销商每年都参与各种慈善活动,包括慈善捐款、体育赛事赞助、司机驾驶培训和自驾游赞助等,并在特定季节举办特定的公益活动。

(1)在春季,真蒂利尼经销商不仅参与当地的慈善募捐活动,而且赞助多场高尔夫球赛。每年从 1 月份开始,真蒂利尼便参与当地慈善组织为即将到来的春季活动发起的慈善募捐活动。随着春天的到来,当地社区开始举办各种各样的户外活动,真蒂利尼为 20 多场高尔夫球赛提供赞助,这些球赛的目的是为慈善组织募捐,募捐所得用于寻找疾病的治疗方法和对社区地标性建筑进行保护。真蒂利尼最终以一场高尔夫邀请赛来结束这一高尔夫赛季,这一邀请赛主要是回馈那些最忠实的客户。

(2)在夏季,真蒂利尼经销商通过举办车展为慈善募捐,赞助夏令营等活动,并在夏末举办社区慈善抽奖活动。夏季即将到来之时,真蒂利尼便在 6 月的第一个星期六举办一场当地规模最大的古董汽车和卡车展,向公众免费开放,所得收益全部捐献给非营利组织。这是一项有趣的活动，真蒂利尼为人们提供免费食物和饮料，人们在欢乐中度过愉快的一天。在夏季活动中，真蒂利尼还赞助当地 7 月 4 日的社区庆祝活动、儿童夏令营、童子军夏令营、车展等。当夏季快要结束的时候，真蒂利尼与当地的一家俱乐部合办年度新车抽奖活动，社区中的一位幸运儿将获得一辆最新款雪佛兰汽车，以此作为真蒂利尼和俱乐部对社区的回馈。

（3）在秋季，真蒂利尼经销商赞助当地学校的多项活动，并在学校和运动队举办驾驶培训课程。当秋天来临的时候，当地的学校开始为新学期做准备，真蒂利尼便积极赞助学校活动、体育活动和节日游行。此外，还在当地许多学校和运动队举办"驾驶员培训"课程，真蒂利尼提供汽车，一些员工还贡献出私人时间，担任教练，帮助人们熟练掌握驾驶技术。

（4）在冬季，真蒂利尼经销商通过捐款和步行活动提高人们对乳腺癌的认识，同时还向经历灾难的人们捐赠物资。冬天是一年中节日最多的季节，到了 10 月份，真蒂利尼便与美国癌症协会和雪佛兰汽车公司合作，通过捐款、经销商主题活动和步行活动，提高人们对乳腺癌的认识。到了 11 月份，真蒂利尼将所有的慈善捐款用于为在经济、自然灾害中和退伍后陷入困境的人们捐赠物资，包括食物、衣服和儿童玩具等。真蒂利尼雪佛兰经销商（包括员工和车主）为当地社区每年捐款超过 15 万美元，此外，员工和车主每年还为当地社区提供超过 2.7 万小时的志愿服务。[①]

4.1.1.2.2 克里斯维尔汽车经销商的公益慈善行为

克里斯维尔（Criswell）是一家位于美国马里兰州的汽车经销商，他们在当地社区开展的慈善活动主要包括：每月帮助车主进行儿童安全座椅安装和汽车座椅检查；赞助多个体育运动队；为当地一家小型职业球队和大学生棒球队提供场地；赞助当地多场高尔夫球赛；每年举办一场汽车抽奖活动，社区中的一位幸运儿将抽中一辆最新款汽车，这一活动为癌症患者筹集到 10 万美元。[②]

4.1.1.2.3 克劳利汽车经销商集团的公益慈善行为

克劳利汽车集团（Crowley Auto Group）是一家位于美国康涅狄格州的汽车经销商集团，创立于 1971 年，主要销售的汽车品牌包括道奇、福特、吉普、林肯、起亚、日产、大众等。克劳利汽车集团积极回馈社区，每年都开展许多公

---

① https：//www. gentilinichevrolet. com/Community，最后访问日期：2019 年 3 月 15 日。
② https：//megadealernews. com/stories/511428297-criswell-auto-a-big-maryland-auto-chain-with-a-big-heart，最后访问日期：2019 年 3 月 15 日。

益慈善活动。①

（1）赞助高尔夫球赛，所得收益用于资助青少年糖尿病研究。克劳利汽车集团每年都会赞助当地的高尔夫锦标赛，每年这项赛事都会吸引来自美国各地的共120余名高尔夫球手参赛。所筹资金全部捐献给青少年糖尿病研究基金会，资助耶鲁大学和其他研究机构进行有关人工胰岛素的研究。

（2）通过"拥抱孤独家庭"计划帮助在海外服役的军人及其家属。自2002年，克劳利汽车集团便加入了康涅狄格州的"拥抱孤独家庭"（ELF）计划，为长期在海外服役的军人的家属提供礼物卡、食物、玩具和燃料费，并为他们举办节日派对。基于多年的努力，克劳利汽车集团于2012年获得了"青铜鹰奖"。除了参加ELF计划外，克劳利汽车集团还是当地"施粥俱乐部"的成员，每年感恩节都会为国家警卫队队员的家属赠送火鸡，圣诞节清晨向退伍军人发放食物等。

（3）支持社区儿童公益慈善，为当地的儿童慈善项目捐款。在康涅狄格州的普莱恩维尔，有一个叫Nico的儿童

---

① https://www.crowleyauto.com/about/community-outreach，最后访问日期：2019年3月26日。

为了支持其他儿童完成心愿，在社区中设立了"Nico 柠檬水站"，为社区成员提供柠檬水，所获收益捐献给"心愿基金会"（Make-A-Wish Foundation）。为了帮助儿童实现心愿，克劳利汽车集团不仅在 Facebook 上帮助 Nico 进行宣传，承诺收到的所有"点赞"都将换作 1 美元，用于支持儿童心愿计划，还在经销商的 4S 店里摆设"Nico 柠檬水站"，所获捐款也将全部捐献给"心愿基金会"。

（4）支持教育事业，促进青少年科技创新。克劳利汽车经销商集团联合其经销商，积极支持康涅狄格州的教育事业，帮助学校举办高质量的校园活动。克劳利汽车集团还向普莱恩维尔高中捐赠了 5000 美元，帮助学生创建了第一个机器人团队，这支团队在一次比赛中共获得三个奖项。

（5）为当地的职业技术学校捐款并捐赠汽车，支持汽车行业的发展和技术创新。克劳利汽车集团是当地一所技术学校的赞助商之一，这所技术学校在汽车行业做出了突出贡献，尤其是在驾驶技术培训方面。克劳利不仅为该技术学校捐款，还捐赠了多辆汽车，帮助学生更好地学习汽车机械，鼓励学生进行技术创新。

4.1.1.2.4　DCH 汽车经销商集团的公益慈善行为

目前，DCH 汽车经销商集团在美国的新泽西州、纽约州、康涅狄格州和南加州等地共拥有 29 家经销商，销售奥迪、宝马、道奇、吉普、起亚、本田、雷克萨斯、日产、丰田等汽车。为了推动公益慈善事业的发展，DCH 出资 1 万美元，任命其所有经销商成为美国汽车经销商协会（NADA）的基金会大使。自 2008 年以来，DCH 汽车集团便将其慈善捐赠、社区参与和草根行动的重点放在了青少年安全驾驶上。2012 年，最初的 DCH 青少年安全驾驶项目发展为 DCH 青少年安全驾驶基金会。该基金会从美国汽车经销商协会的基金会大使项目中获得拨款，开展青少年安全驾驶项目和活动，提高人们对"分心驾驶"的认识，让青少年及其父母认识到"分心驾驶"的危害。此外，DCH 还资助美国高中生参加"学生反破坏性决策全国会议"，会议上学生们彼此交流"分心驾驶"的后果，并将会议信息带回学校与同龄人分享，让青少年成为解决问题的行动者，推广智能驾驶，改变青少年的驾驶行为。

关于经销商参与社区慈善事业的作用，DCH 集团的主席说："有效的社区参与将有助于经销商获得知名度和更强的社区意识，这是打造自己独特品牌的重要方式。"[1] 一位

---

[1] https：//www. nada. org/CustomTemplates/DetailPressRelease. aspx？id = 21474839673，最后访问日期：2019 年 3 月 15 日。

公关公司的总裁总结出了社区参与的三个作用：其一，相比降低价格，经销商参与社区慈善事业可以获得顾客的善心和同理心，从而提升业务量；其二，相比用"即刻就买"的信息对顾客进行"轰炸"，顾客更愿意接受那些没有试图向他们推销任何东西的信息，而经销商参与社区慈善事业给顾客留下了好印象，从而成为他们购买汽车的首选；其三，消费者通常更倾向于从一家为当地社区做出贡献的经销商处购买汽车。这就是汽车经销商参与社区慈善事业有助于提高声誉、提升业务量的重要原因。[①]

4.1.2　加拿大"汽车之家"案例

加拿大"汽车之家"（Car Nation Canada）是一家总部位于加拿大安大略省西南部的汽车经销商集团，拥有 11 家汽车经销商，目前已成为安大略省最大的汽车经销商集团。该汽车经销商集团积极参与公益慈善，其开展的活动包括以下几个方面。[②]

[①]　https：∥www. nada. org/CustomTemplates/DetailPressRelease. aspx？ id = 21474839673，最后访问日期：2019 年 3 月 15 日。

[②]　https：∥www. carnationcanada. com/community-events. htm，最后访问日期：2019 年 3 月 25 日。

（1）在儿童福利方面，组织车主和员工，为生病儿童捐赠玩具；组织车主和员工参加洗车活动，为患病儿童筹款；为医院捐赠儿童汽车等。每年加拿大"汽车之家"都会与当地的麦克马斯特儿童医院基金会（McMaster Children's Hospital Foundation）合作，组织车主和员工为儿童捐赠玩具，并在节日期间（例如圣诞节）将玩具送给医院中的患病儿童。为了帮助当地社区中一位患有白血病的4岁儿童获得更好的治疗，"汽车之家"联合车主和员工举办了一场慈善洗车活动。2018年，"汽车之家"向当地的麦克马斯特儿童医院捐赠了20辆儿童汽车，儿童在就医时可以自由使用，从而帮助儿童减轻病痛。

（2）在社区服务方面，组织经销商、车主和员工在社区开展"赶走饥饿行动"；在冬日为社区低收入家庭提供棉衣；在感恩节为消防员提供免费火鸡和晚餐。加拿大"汽车之家"与当地的一家商店——"伊娃·罗斯维尔中心"（Eva Rothwell Center）合作，开展"赶走饥饿行动"，联系经销商、车主和员工为汉密尔顿地区成千上万的低收入家庭提供有营养的食物。他们还设立了"应急食物储藏室"，每周一到周五从上午10点到下午6点为社区提供免费食物。据统计，每月共1.9万余人获得免费食物，包括18岁以下的儿童、单身者、单亲家庭、低收入家庭等。冬日为社区低收入家庭捐赠棉衣也是"汽车之家"的常规活动。感恩节是加拿大的一个重要节日，为了保证社区安全，每年的感恩节消防员都要坚守岗位，为了感谢消防员的辛勤付出，"汽车之家"组织车主和员工在感恩节为消防员赠送火鸡和晚餐。

（3）在医疗救助方面，支持加拿大乳腺癌宣传月活动；参与室内自行车比赛，筹集资金支持儿童癌症研究；举办年度慈善活动，支持医学发展。每年10月份加拿大都会举办乳腺癌宣传月活动，为了支持这一活动，每年10月10日到11月15日，"汽车之家"都会组织旗下经销商从该月销售的每辆汽车金额中拿出25美元，捐献给加拿大癌症协会，用于支持乳腺癌的研究和治疗。加拿大"汽车之家"已经连续三年参加室内自行车比赛，这个活动主要是为癌症儿童及其家庭筹集资金。在2017年的室内自行车比赛中，"汽车之家"获得了第三名的好成绩并筹集了2万美元，这些钱捐献给麦克马斯特儿童医院基金会，用于支持儿童癌症的研究与治疗。加拿大"汽车之家"每年都会举办一次年度慈善活动，为麦克马斯特儿童医院募捐，捐款将全部用于医疗救助。

（4）其他形式的公益慈善活动。2014 年 8 月，加拿大"汽车之家"的所有经销商都参加了"冰桶挑战赛"，共筹集 2000 美元，活动结束后，这笔钱被捐献给慈善组织。加拿大"汽车之家"长期赞助加拿大女子曲棍球队和青少年棒球队，支持其日常训练和团队发展，并且赞助加拿大冰球队，资助其前往欧洲参加比赛。此外，"汽车之家"每年都在当地高中举办慈善车展，所得收益全部捐献给当地的临终关怀中心。

4.1.3 英国马歇尔汽车集团案例

马歇尔汽车集团（Marshall Motor Group）是英国第七大汽车经销商集团，自 2008 年以来，已经有 92 家加盟店加入，在英国的 27 个郡拥有 106 家特许经销商，共销售 23 个不同品牌的汽车。[①] 马歇尔汽车集团履行企业社会责任，注重公益慈善，关注工作环境、社区发展和环境保护。

（1）在工作环境方面，马歇尔汽车集团努力塑造良好的工作氛围，关注员工的安全与健康。自 2008 年以来，马歇尔汽车集团每年都在员工中开展"最佳工作地点"调查，以信

---

① https://www.mmhplc.com/about/what-we-do，最后访问日期：2019 年 3 月 26 日。

任指数为依据，其目的是通过改善工作环境提高员工的工作效率。从 2008 年到 2016 年，马歇尔汽车集团的员工信任指数得到了快速提升，从 55% 上升到 79%，并且在 2018 年的全国评选中，居第 21 位。[①] 此外，马歇尔汽车集团努力为员工、联络人和访客提供安全健康的工作环境，提供安全的建筑和设备，为员工提供培训、指导和监督等。[②]

（2）在社区发展方面，马歇尔汽车集团坚持回馈社区，不仅为客户提供高质量的服务，而且鼓励员工参与社区公共服务，并将其作为企业文化的一部分进行推广。马歇尔汽车集团鼓励员工参与慈善募捐活动，例如，在 2016 年，马歇尔汽车集团的一位员工挑战了高空跳伞，最终筹集到 15 万英镑，并全部捐献给慈善机构。同样通过跳伞为慈善组织捐款的还有来自马歇尔汽车集团的纽伯里大众汽车 4S 店主，她的目标是帮助精神病患者，通过跳伞为一家精神健康慈善组织募捐。2017 年 8 月，来自马歇尔汽车集团的一家经销商——阿德里安·沃林顿捷豹路虎经销商组织了两支游泳队，横渡英吉利海峡，这一善举也为慈善组织筹集了一笔资

[①] https://www.mmhplc.com/responsibility/colleagues，最后访问日期：2019 年 3 月 26 日。

[②] https://www.mmhplc.com/responsibility/health-and-safety，最后访问日期：2019 年 3 月 26 日。

金。马歇尔汽车集团的一家梅赛德斯－奔驰店与慈善组织合作，举办了一场"汽车与蛋糕"日历拍摄活动，吸引了车主和当地大学生参与，日历销售的收益全部捐献给慈善组织。此外，在圣诞节前夕，马歇尔汽车集团的员工还参与了"拯救儿童圣诞套头衫活动"，通过购买套头衫为慈善组织捐款。在日常生活中，马歇尔汽车集团的员工积极参与社区志愿服务，例如担任社区火灾救援志愿者、道路疏通志愿者等。①

（3）在环境保护方面，马歇尔汽车集团遵守环保法则和工作守则，减少对自然环境的污染。具体做法包括：对废物进行分类处理，对一些废物进行循环再利用；确保有害物质的使用和储存在安全条件下进行；为员工提供环保培训，增强员工环保意识和环保能力；鼓励员工减少能源消耗，例如在光线充足时避免使用照明设备；鼓励车主定期保养汽车，提高燃油效率，减少污染物的排放；与供应商和经销商合作，共同制订环保计划等。②

---

① https://www.mmhplc.com/responsibility/community，最后访问日期：2019 年 3 月 26 日。
② https://www.mmhplc.com/responsibility/environmental，最后访问日期：2019 年 3 月 26 日。

4.1.4　澳大利亚案例

4.1.4.1　阿德里安·布里恩汽车经销商的公益慈善行为

阿德里安·布里恩汽车经销商（Adrian Brien Automo-bile）是南澳大利亚最大的专营汽车经销商，共销售8个品牌的汽车，包括福特、现代、克莱斯勒、吉普、道奇、菲亚特和起亚，同时销售二手车。阿德里安·布里恩汽车经销商积极回馈社会，支持公益慈善的发展，赞助多家慈善机构、社区团体和体育俱乐部。[①]

（1）为慈善机构捐款，支持儿童和青少年慈善事业的发展。2017年，阿德里安·布里恩汽车经销商向慈善机构的捐款情况如下：向"青年协会"捐赠4万美元，向"无障碍生活基金会"捐赠3.5万美元，向"儿童背包协会"捐赠3.5万美元，向"儿童启动计划"捐赠3万美元，向"皇家盲人协会－导盲犬专项服务项目"捐赠2.5万美元，向"澳大利亚残疾人协会"捐赠2万美元，等等。

（2）赞助高尔夫球赛，为儿童慈善事业募捐。2017年，

---

① https://www.adrianbrien.com.au/why-choose-us/featured-not-for-profits/，最后访问日期：2019年3月26日。

阿德里安·布里恩汽车经销商在当地的高尔夫球慈善日（Adtrans Golf Day）活动中为有需要的儿童募集资金 25 万美元，一些员工还在活动中担任了志愿者。

（3）与俱乐部合办"慈善之夜"活动，为儿童慈善事业筹款。2017 年，阿德里安·布里恩汽车经销商与当地的普利姆顿俱乐部合作，由俱乐部提供场地，员工担任志愿者，共同举办了"慈善之夜"活动，包括乐队表演、游戏活动等，为儿童筹款 2361.2 美元，用于支持儿童慈善事业的发展。

（4）与"现代儿童救助会"及当地儿童慈善组织合作，举办"黑暗中的晚餐"活动，为听障和视障儿童筹款。2017 年，阿德里安·布里恩经销商与现代汽车公司的"现代儿童救助会"（Hyundai Help for Kids）及南澳大利亚的"为了儿童"（Can：Do 4 Kids）慈善组织合作，举办了一场"黑暗中的晚餐"活动，宾客需要带上眼罩吃晚餐，这一活动的目的是提高人们对听障和视障儿童的认识，最终共筹集 10 万美元用于支持残障儿童的发展。

4.1.4.2　詹姆斯·弗里泽尔汽车集团的公益慈善行为

詹姆斯·弗里泽尔汽车集团（James Frizelle's Automotive

Group）是澳大利亚一家大型汽车经销商集团，至今已经有30年的历史。作为一家大型企业，詹姆斯·弗里泽尔汽车集团积极支持当地的慈善机构、学校和体育俱乐部的发展，具体包括以下几个方面。[1]

（1）赞助"商业女性奖"，参加"粉色丝带活动"，支持女性的发展。2017年，詹姆斯·弗里泽尔汽车集团赞助了"黄金海岸商业女性奖"的颁奖典礼，并派出代表为"技术与科技奖"的获得者颁发奖牌。2017年，该集团旗下的奥迪经销商参加了"粉色丝带活动"，为乳腺癌基金会筹集资金。

（2）赞助高尔夫球赛，支持儿童的发展。2017年，詹姆斯·弗里泽尔汽车集团与当地的一家高尔夫俱乐部合作，赞助了一场高尔夫慈善公开赛，为儿童慈善事业筹集资金，比赛的获胜者获得由詹姆斯·弗里泽尔汽车集团旗下的奥迪经销商提供的一辆全新奥迪汽车。

（3）举办"自驾游"活动，提升驾驶技术。2017年，詹姆斯·弗里泽尔汽车集团旗下的路虎经销商组织了一场"路虎自驾游"活动，体验不同地形，欣赏沿途风景，同时提高驾驶技术，适应不同路况。

---

[1]　http://jamesfrizelles.com.au/community-news/，最后访问日期：2019年3月26日。

（4）赞助"夏日派对"活动，为社区提供服务。2017年，詹姆斯·弗里泽尔汽车集团旗下的菲亚特经销商赞助了一年一度的太平洋博览会"夏日派对"活动，并推出主题为"菲亚特"的奖品和赠品。这个活动为期两天，包括时尚主题活动、家庭活动和儿童活动，提供礼物、儿童玩具和各类娱乐项目，为社区成员带来愉快的派对体验。

4.1.5　牙买加斯图尔特案例

斯图尔特汽车集团（Stewart's Automotive Group）成立于1938年，是牙买加金斯敦市的一家大型汽车经销商集团，为加勒比地区提供一站式汽车服务。[①] 斯图尔特汽车集团履行企业社会责任，多年来一直坚持从事公益慈善，其涉及领域包括以下几方面。[②]

（1）成立基金会，建设基础学校，支持幼儿发展。2008年，总裁夫妇以个人名义成立了理查德和戴安娜·斯图尔特基金会，这一基金会主要支持教育事业，设立奖学金，支持贫困儿童（包括集团员工的孩子）获得更好的教育。戴安

---

① https://stewartsautogroup.com/our-history/，最后访问日期：2019年3月26日。
② https://stewartsautogroup.com/philanthropy/，最后访问日期：2019年3月26日。

娜·斯图尔特还因此获得了"牙买加美国之友国际人道主义孔雀奖"。2010 年，总裁夫妇的孙辈为了继续支持慈善事业，成立了理查德和戴安娜·斯图尔特基金会的分支机构——"仁爱之心基金会"（Kind Hearts Foundation），这一基金会专注于为牙买加贫困家庭提供住房和教育机会。该基金会与非营利组织 Youth With A Mission 合作，在圣詹姆斯的乡村建造了四个"爱心之家"，为贫困家庭提供住房。考虑到需要帮助的家庭不止一个，"仁爱之心基金会"将重点转移到教育领域。2012 年，他们与非营利组织 Food for the Poor 合作，在曼彻斯特地区建立了一所基础学校，至今已经在牙买加全岛完成 7 所基础学校的建设，包括设备齐全的教室、教师办公室、医疗室、卫生间、厨房、操场、饮水系统、围栏等。这些学校主要帮助 3~6 岁的儿童获得更好的教育，每一所学校的成本为 6.5 万~8 万美元。

（2）参与人道主义救援活动。在海地遭受飓风影响后，斯图尔特汽车集团与牙买加 Food for the Poor 慈善组织合作，募集资金，为海地提供罐头食品、瓶装水等援助物资。

（3）支持健康/医疗事业。2016 年 10 月，斯图尔特汽车集团与牙买加癌症协会合作，共同举办了一场汽车巡游活动（Drive For The Cure），宣传乳腺癌的危害并为患者募捐。

斯图尔特汽车集团还是西印度群岛医学院一家研究所的捐赠者。此外，斯图尔特汽车集团积极参与"健康运动"，帮助拍摄纪录片，并为汽车抽奖活动捐款，其收益用于支持一家艾滋病临终关怀医院的发展。

（4）提供技术培训和就业机会。斯图尔特汽车集团与"牙买加紧急就业项目"（JEEP）合作，为当地的一所牙买加－德国汽车学校提供技术培训，并为该校学生提供就业机会。

（5）支持体育和艺术事业。斯图尔特汽车集团在牙买加多项体育和艺术活动中担任赞助商，这些活动包括乌塞恩·博尔特赛车大奖赛（Usain Bolt's Racers Grand Prix）等。此外，斯图尔特汽车集团还在"瑞格舞"（牙买加传统舞蹈）比赛中将三辆铃木汽车的收益捐赠给三位最优秀的舞者，同时还为牙买加板球男子比赛捐赠了一辆铃木汽车。

（6）支持社区发展。斯图尔特汽车集团在牙买加建立了第一个社区治安设施AmCham Place，维护社区安全，支持社区发展。

（7）组织"彩色跑"公益活动。斯图尔特汽车集团最具特色的公益慈善活动是组织"色彩由我，快乐奔跑"

（Colour Me Happy Charity Powder Run）活动，这一活动始创于 2014 年，是牙买加首次推出"彩色跑"活动，至 2019 年 3 月已经举办了 5 届。这一活动由"仁爱之心基金会"筹办，鼓励人们通过奔跑为人生增添色彩，为慈善事业募捐。如今这一活动已成为斯图尔特汽车集团的固定慈善项目，在牙买加产生了广泛影响。

4.2　国外汽车车主的公益慈善行为

　　国外汽车车主的公益慈善行为具有集体性，通常以汽车俱乐部、汽车经销商、汽车企业组织的公益慈善活动为基础，以集体的方式参与。

4.2.1　梅赛德斯－奔驰车主的公益慈善行为

　　美国梅赛德斯－奔驰车主的公益慈善行为主要包括：提供车辆并参加慈善车展，所得收入全部捐献给非营利组织或有需要的群体和个人；参加公益巡游活动，为慈善组织或慈善活动募捐；参与慈善捐赠活动，捐赠具有纪念意义的物品如手表、箱包等，所得收入用于慈善事业；参加"儿童运载项目"，在特定时间免费运载儿童和孕妇前往健康服务中心；参与社区营造，帮助无家可归者和低收入家庭建造或修缮房屋；参加交通安全宣传活动，向社区儿童和青少年宣传交通安全、驾驶安全知识等。①

4.2.2 宝马车主的公益慈善行为

美国宝马车主的公益慈善行为主要包括：提供车辆并参加慈善车展，所筹资金用于慈善事业；为退伍军人举办高尔夫球赛；参加社区慈善音乐会（晚会、聚餐活动等），用玩具换取门票，活动收入全部捐给慈善机构；参与宝马慈善拍卖活动，所得收益用于慈善事业；参加宝马志愿洗车活动，担任志愿者，为其他宝马车主洗车，这是一项付费活动，收益捐给慈善组织；参与救灾活动，运送物资和灾民；为患病儿童募捐；参加"宝马汽车公益行"活动，为社区孤寡老人和无家可归者提供免费食物等。②

---

① https://www.mbca.org/search/node/charity，最后访问日期：2019 年 3 月 12 日。
② https://www.bmwcca.org/search/site/charity，最后访问日期：2019 年 3 月 12 日。

4.2.3 本田车主的公益慈善行为

在北美，本田汽车公司牵头成立了志愿者车队，其成员包括车主、经销商和本田公司员工，但主要活动者以车主为主。该车队定期举办志愿活动，例如，2018 年 6 月 8～17日，本田志愿者车队开展了第三届北美本田车队服务周活动，在一周的时间里，超过 2.2 万名志愿者在美国 48 个州、加拿大和墨西哥开展了 560 项慈善活动，包括食物收集与分类、献血、宠物收养、海滩清理、植树、垃圾回收、房屋维修等。① 在美国的亚拉巴马州，本田志愿者车队每年都开展志愿者暑期项目，超过 9196 名参与者，包括员工、车主及其他伙伴，为当地的非营利组织提供超过 17.5 万小时的志愿服务，包括为低收入者和贫困家庭建造、修缮房屋；向孩子们捐赠图书；为当地小学提供学习用品；在节日里为孩子们赠送玩具和食物；在当地遭受龙卷风灾害后，帮助社区清理杂物并向灾民捐赠食物、饮用水、衣服等生活物资。② 在

---

① https：∥www. honda. com/community/team-honda-week-of-service，最后访问日期：2019 年 3 月 12 日。

② https：∥www. hondaalabama. com/our-charitable-giving，最后访问日期：2019 年 3 月12 日。

美国的俄亥俄州，本田志愿者车队长期为公益机构"麦当劳
之家"打扫卫生；为低收入家庭和无家可归者修建或修缮房
屋；为当地动物园免费安装 LED 灯等。[①]

4.2.4　国外车主的其他公益慈善行为

国外汽车车主所参与的公益慈善活动还包括：通过参与
体育比赛为慈善机构和有需要人群提供赞助，例如雷克萨斯
车主参与高尔夫球比赛，奥迪车主参与环法自行车赛、马拉
松比赛等；捐赠二手车，方便无车人士出行；组织"自驾
游"活动，沿途拜访医院、学校和慈善机构，为有需要人群
募捐或提供志愿服务等。

4.3　国外汽车俱乐部公益慈善典型案例

4.3.1　美国汽车俱乐部：儿童玩具募捐活动

2017 年 12 月，从马里兰州的巴尔的摩到华盛顿州的史

---

① 　https://ohio.honda.com/our-community#foundation，最后访问日期：2019 年 3 月 12 日。

魁恩，美国多家汽车俱乐部联合举办了公益车展和节日活动，为当地的慈善机构收集玩具并捐献给有需要的儿童。位于佐治亚州的一家古典汽车俱乐部与"海洋玩具基金会"合作，联合车主举办了一场"家庭乐趣"汽车公益展。在这次车展上，车主们展示他们的汽车、卡车和摩托车等，为当地儿童募集玩具。位于波士顿的一家汽车俱乐部举办了第三届"圣诞玩具车展"，参加者需用一件玩具代替报名费，这些玩具最终被卖出，所得收益捐献给当地的一个社区，用来帮助那些无家可归者和经济困难人士。位于华盛顿州的史魁恩汽车俱乐部在节日里举办了一场"社区玩具救援活动"，车主们收集从婴儿期到八年级各阶段的儿童玩具和衣服，进行出售，所获收益用于社区服务。一些大型玩具如自行车等也被赠送给有需要的孩子，让其感受玩具的乐趣。[1]

4.3.2 新加坡跑车俱乐部："跑车体验"筹款活动

新加坡的跑车俱乐部成立于 2011 年，其目标是推广健康的驾驶方式和生活方式。2014 年 8 月，新加坡跑车俱乐部

---

[1] http://www.thedrive.com/sheetmetal/16839/car-clubs-gather-toys-nationwide-for-charity，最后访问日期：2019 年 3 月 12 日。

联合 GTR 车主俱乐部举办了一场慈善活动，其目的是提高公众对罕见病儿童的关注和支持，共有 26 名跑车车主参与了这场活动。他们为大众提供免费的跑车之旅，并向他们宣传罕见病对儿童及其家庭的伤害，这些乘客自愿捐出一些钱来帮助罕见病儿童及其家庭。这场活动让普通大众体验了乘坐跑车的乐趣，也使罕见病儿童获得帮助，车主也因此感受到了做慈善的快乐。①

4.3.3 英国汽车俱乐部案例

4.3.3.1 英国慈善经典汽车俱乐部：慈善车展活动

2017 年，英国"慈善经典汽车俱乐部"（Charity Classic Vehicle Club）组织了一场"汽车之旅"活动，共计 300 辆经典汽车从皇家园艺海德厅驶往埃塞克斯郡威瑟姆艾比的皇家枪支博物馆，并在 170 英亩的场地上展出。此次活动共筹集 4500 英镑，并全部捐献给 CHAPS 男士健康慈善机构和临终关怀中心，用于支持慈善事业的发展。这项活动也是"英国经典汽车驾驶日"活动的一部分，除了该俱乐部举办的活

---

① https://9tro.com/media/events/meets-drives/sports-car-club-gtr-owners-club-charity-drive，最后访问日期：2019 年 3 月 12 日。

动外，在这一天，英国许多经典汽车车主都会驾驶汽车参加
慈善募捐活动，这已成为英国的一个传统。[①]

4.3.3.2　英国保时捷俱乐部：赞助"移动化疗车"

英国保时捷俱乐部（Porsche Club Great Britain）成立于
1961 年，356 位车主参加了成立会议，如今英国保时捷俱乐
部已经成为欧洲最大的保时捷官方认可俱乐部。[②] 英国保时
捷俱乐部长期支持慈善事业，在国家和地方两级为公益事业
贡献力量。该俱乐部举办的公益慈善活动包括：慈善抽奖活
动，体育赛事赞助，为慈善组织捐款以及组织车主参与志愿
服务。所支持的慈善机构包括麦克米伦癌症护理中心（Mac-
Millan Cancer Care）、英国自闭症协会（National Autistic So-
ciety）等。自 2013 年以来，英国保时捷俱乐部一直热衷于
支持英国的一家慈善机构——"明日希望"（Hope For To-
morrow，简称 HFT），这一慈善机构致力于为癌症患者提供
"移动化疗"的帮助。保时捷英国俱乐部为这家慈善机构捐
款并购买大型移动化疗车。这种化疗车可以前往患者家里，

---

① https：//www.telegaertner.co.uk/infostream/charity-classic-vehicle-club/，最后访问日
　　期：2019 年 3 月 26 日。
② https：//www.porscheclubgb.com/about/our-history，最后访问日期：2019 年 3 月
　　26 日。

为患者提供化疗，从而避免往返医院的长途奔波和在医院的煎熬等待，减轻患者的压力和紧张。此外，英国保时捷俱乐部还经常组织车主参加保时捷全国赛事，号召车主为 HFT 募捐。[①]

4.3.3.3　英国特斯拉车主俱乐部：捐赠迷你特斯拉儿童汽车

英国特斯拉车主俱乐部（Tesla Owners United Kingdom）成立于 2014 年，最早由一批车主在 Facebook 上创建了一个特斯拉汽车讨论小组，后来不断壮大，2016 年，该小组最终在英国正式成立了特斯拉车主俱乐部。这一俱乐部主要提供试驾服务、组织志愿活动、开展车主社交活动、挖掘潜在用户等。自成立以来，英国特斯拉车主俱乐部开展了多项公益活动，其中最具影响力和创新性的公益活动是为儿童医院和临终关怀中心捐赠迷你特斯拉儿童汽车。这一儿童汽车完全按照特斯拉汽车的造型制造，帮助儿童在医院自由移动，减轻儿童看病时的紧张和疼痛。此外，英国特斯拉车主俱乐部还经常组织车主前往医院慰问患病儿童，提高车主参与公

[①]　https：//www.porscheclubgb.com/about/charities，最后访问日期：2019 年 3 月 26 日。

益的热情。[①]

4.3.4 澳大利亚汽车俱乐部案例

4.3.4.1 澳大利亚复古跑车俱乐部：慈善车展与 BBQ 活动

澳大利亚复古跑车俱乐部（Vintage Sports Car Club of Australia）成立于 1944 年，它的目的是通过提供比赛、自驾游、学习和社交机会，帮助人们更好地购买、修复和保养复古跑车。2018 年 7 月，澳大利亚复古跑车俱乐部在新南威尔士举办了一场慈善车展和 BBQ 活动，俱乐部成员提供汽车并在一块大草坪上展示，参观者需要购买门票，可以获得 BBQ 和各类饮品，这项活动的收入全部捐献给当地一所儿童医院的儿童疾病研究所，用以支持儿童疾病研究与治疗。[②]

4.3.4.2 澳大利亚 Variety Bash 慈善驾驶之旅

Variety Bash 是澳大利亚最大且线路最长的慈善驾驶活

---

① https：∥teslaownersgroup. co. uk/donating-money-mini-teslas-childrens-hospitals-hospices，2019 年 3 月 26 日。

② http：∥www. vintagesportscarclubaustralia. org. au/，最后访问日期：2019 年 3 月 26 日。

动，由澳大利亚儿童慈善组织 Variety 赞助，最早由迪克·史密斯创办，他的初衷是和一群朋友驾驶拥有至少 30 年历史的汽车去旅行。参与者需要缴纳报名费，活动收益将全部捐献给儿童慈善机构。参与者将驾驶汽车深入澳大利亚腹地，深入体验澳大利亚的历史、文化和自然风光，并在沿途拜访学校、医院和慈善机构，为当地儿童提供志愿服务等。这一活动每年都会举行，但每年的路线都有所不同。例如，2019 年 8 月 23 日将要开展的慈善之旅将从杰拉尔顿的默奇森和西澳大利亚州的加斯科因两个内陆地点出发，一周后在黑松岛结束。这一活动对于参与者尤其是儿童来说也是慈善之旅，这也是"亲子公益"的一个重要方向。[①]

4.4　车企在流通领域的公益慈善行为

国外汽车企业的公益慈善行为主要涉及三个领域，分别是生产领域、销售领域和流通领域。在流通领域，汽车企业的公益慈善行为主要包括两个层面，其一是与汽车经销商合

[①]　https：//www. variety. org. au/bash/events/2019wabash/，最后访问日期：2019 年 3 月 26 日。

作开展公益慈善活动；其二是组织车主参与公益慈善活动。

4.4.1 现代汽车美国公司在流通领域的公益慈善行为

1990 年，现代汽车在美国加州喷泉谷建立了现代加利福尼亚设计中心，[①] 其后又在密歇根州建立了现代汽车美国总部，在亚拉巴马州建立了组装工厂，美国成为现代汽车的"又一个大本营"。[②] 现代汽车美国公司在流通领域的公益慈善活动主要包括以下两个方面。

（1）与汽车经销商合作，成立非营利组织，资助儿童疾病研究与治疗，并向儿童医院捐款。1998 年，位于美国新英格兰地区的现代汽车经销商发起了一项地方倡议，通过达娜·法伯癌症协会（Dana-Farber Cancer Institute）的"吉米基金"为癌症儿童筹集资金。最初这项公益活动只对当地做出了贡献，后来在现代汽车美国公司和全美 830 多家现代汽车经销商的共同努力下，这项公益活动最终推动一个独立的非营利组织——"车轮上的现代希望"（Hyundai Hope On

---

[①] https：//zh. wikipedia. org/wiki/% E7% 8F% BE% E4% BB% A3% E6% B1% BD% E8% BB% 8A，最后访问日期：2019 年 3 月 8 日。

[②] http：//auto. 21cn. com/zixun/hangye/a/2017/1121/09/32792134. shtml，最后访问日期：2019 年 3 月 8 日。

Wheels）成立。该组织通过庆祝战胜癌症的儿童重获生命、资助拯救儿童生命的新药和治疗方法的研究，提高人们对儿童癌症的认识，其目标是实现"儿童零癌症"。2011年，现代汽车美国公司及其非营利组织"车轮上的现代希望"宣布向加州的CHOC儿童医院捐赠1000万美元，用于儿童癌症研究。不仅如此，现代汽车美国公司还组织车主和员工在节日期间向该医院捐赠礼物，帮助孩子们渡过难关。[①]

（2）组织车主和员工开展社区服务活动，包括建造房屋、捐赠食物、反对酒驾、节日慰问等。现代汽车美国公司与美国奥兰治县的房屋协会合作，组织车主和员工投入数千小时为有需要的人们建造房屋，具体包括房屋维修、房屋翻新、为有需要的家庭建设新的房屋等。在感恩节前夕，现代汽车美国公司与多家非营利组织合作，组织车主和员工向奥兰治县的社区发放火鸡，并在平日里通过当地的非营利组织向社区免费发放罐头食品。自2005年以来，现代汽车美国公司一直与"母亲反酒驾"组织合作，组织车主和员工深入社区，教育青少年远离酒驾，并向社区成员普及酒驾危害。现代汽车美国公司组织车主和员工，通过美国红十字会向受自然灾害影响的人们捐款，并在圣诞节、万圣节等节日

---

① https://www.hyundaicsr.com/health-wellness/，最后访问日期：2019年3月8日。

里开展社区活动，丰富社区生活，增强社区成员之间的凝聚力等。[①]

4.4.2　梅赛德斯－奔驰美国公司在流通领域的公益慈善行为

梅赛德斯－奔驰的美国总部位于亚拉巴马州，至 2019 年已有 20 余年的历史，梅赛德斯－奔驰美国公司在流通领域的公益慈善活动主要包括以下两个方面。

（1）组织汽车经销商，通过捐款、捐赠汽车等方式支持医学研究和疾病治疗。梅赛德斯－奔驰美国公司长期与美国癌症协会（American Cancer Society）合作，为了支持癌症研究，梅赛德斯－奔驰美国公司联系亚拉巴马州的汽车经销商，组织慈善晚会，为癌症患者和医学研究筹款；号召汽车经销商向癌症协会位于伯明翰的分会捐赠汽车，支持当地居民乘车前往外地治疗，并为患者提供免费住所，帮助其减少治疗负担。[②]

---

① https://www.hyundaicsr.com/community-volunteering/，最后访问日期：2019 年 3 月 8 日。

② https://mbusi.com/about/mbusi-corporate-info/philanthropy，最后访问日期：2019 年 3 月 9 日。

（2）组织经销商、车主和员工参与社区营造，帮助受灾群众重建家园，为儿童和孕妇提供免费运载服务等。梅赛德斯－奔驰美国公司与位于伯明翰地区的非营利组织"仁人家园"（Habitat for Humanity）合作，在2016年长达6周的时间里，组织经销商、车主、员工和其他志愿者帮助在2011年遭受飓风影响而失去家园的人们建造房屋，并在平日里帮助社区中经受人生重创（如车祸、疾病等）的人们修缮房屋，帮助他们打造更美好的"家"。此外，梅赛德斯－奔驰美国公司还组织车主和员工为亚拉巴马州的儿童和孕妇提供免费运载服务（The Kid One System），运载儿童和孕妇前往健康服务中心就医。①

4.4.3　日产汽车日本公司在流通领域的公益慈善行为

日产汽车的总部位于日本横滨，其在流通领域开展的公益慈善活动主要包括以下两个方面。

（1）组织车主和员工参与人道主义救援活动。自2006年以来，日产日本公司与慈善组织"仁人家园"合作，积

---

① https：//mbusi. com/files/frontend/MBUSI_ Impact_ Report_ web. pdf，最后访问日期：2019 年 3 月 9 日。

极开展人道主义救援活动。例如，2011 年东日本遭受地震灾害后，日产日本公司便组织车主和员工参与"仁人家园"的救援活动，先后派出 4 支志愿者队伍前往岩手县的大船渡，为当地居民建造了一个用于存放救援物资的仓库和一些供人们临时休息的长条凳。2016 年日本熊本县遭遇地震后，日产日本公司为当地提供了 100 辆电动汽车，并组织车主和员工开展救援活动，为当地运送食品、饮用水、便携式蓄电池等救援物资。2018 年日本关西地区遭遇洪灾后，日产日本公司也同样组织车主和员工开展了救援活动，为灾民运送救援物资。[①]

（2）联合汽车经销商，设立社区"开放日"和"季节活动"，组织车主和员工参与志愿活动。日产日本公司每年都会联合经销商，在当地社区组织"开放日"和"季节活动"，并邀请社区成员参与，听取社区成员的意见，提高社区服务质量，促进社区和谐。从 2000 年开始，日产日本公司每年都会组织车主和员工参加日本全国轮椅马拉松志愿者活动，为残疾运动员提供志愿服务。日产日本公司还经常组织车主和员工参加社区清扫活动，帮助社区维护环境，并在

---

① https://www.nissan-global.com/EN/CITIZENSHIP/PROGRAMS/HUMANITARIAN/，
最后访问日期：2019 年 3 月 11 日。

横滨市和横须贺市设立"足球与免费食物大篷车"，为参加足球比赛的儿童发放食物等。①

4.4.4　丰田汽车日本公司在流通领域的公益慈善行为

1993年，丰田汽车公司在日本成立了志愿者中心，积极组织员工、车主和经销商参与公益慈善。这些公益慈善活动包括以下几个方面。

（1）组织救援和灾后重建活动。在日本地震和洪灾后，丰田员工、车主和经销商参与物资捐献、物资运送、废墟清理、房屋修缮等。

（2）组织社区服务活动。丰田员工和车主为社区儿童举办节日活动和开设手工艺课程。由于日本多地震，为了防止地震发生时家中家具倾倒砸伤居民，丰田员工和车主长期探访社区中的老人，帮助他们在家具上安装支架，并在玻璃上涂上防震膜。

（3）组织环保活动。志愿者中心组织丰田员工、车主和经销商修剪被遗弃的人工林，使其恢复活力；在一些地区

① https：∥www.nissan-global.com/EN/CITIZENSHIP/PROGRAMS/REGIONAL/，最后访问日期：2019年3月11日。

开展植树造林活动；清理荒地，并用茅草修缮屋顶；在海滩上修建防海水和风沙侵袭的篱笆，为海龟上岸产卵创造安全的环境等。[①]

4.5 可借鉴的经验

国外汽车流通行业的公益慈善行为具有多样性、集体性等特点，并且正在从传统型公益领域向创新型公益领域发展。国外的经验可以被中国借鉴，用以推动中国汽车流通行业公益慈善事业的发展。

4.5.1 域外主要经验

4.5.1.1 国外汽车流通行业公益慈善的方式

国外汽车流通行业的公益慈善主要分为以下几种方式：其一是直接捐款或捐赠物资；其二是通过举办或参加慈善活动（如晚会、车展、派对、极限运动挑战赛、冰桶挑战赛、

[①] https://www.toyota-global.com/sustainability/social_contribution/，最后访问日期：2019 年 3 月 13 日。

社区抽奖活动等）进行募捐；其三是组织志愿服务活动，且集中在社区层面；其四是组织宣传活动，例如参加乳腺癌宣传月活动，提高人们对乳腺癌的认识；其五是赞助体育赛事，所获收益用于慈善事业；其六是组织慰问活动，探访有需要人群；其七是组织"自驾游"活动，沿途开展慈善活动；其八是开设培训课程，例如驾驶安全技术培训课程等。

4.5.1.2 国外汽车流通行业公益慈善的领域

国外汽车流通行业涉及的公益慈善领域主要有以下这些。

（1）健康/医疗领域。尤其关注儿童健康/医疗，所开展的公益慈善活动包括：向慈善组织、医院捐款或捐赠物资；向医院捐赠儿童汽车；节日期间慰问患者；举办特殊晚宴，为残障儿童筹款；为病人提供免费运载服务；参加疾病宣传月活动等。

（2）教育领域。尤其关注儿童和青少年教育，所开展的公益慈善活动包括：建设基础学校；设立奖学金，帮扶贫困学生；赞助科技项目，帮助学生成立机器人团队；向学生捐赠图书、文具、玩具等；赞助学校活动及夏令营活动；向学校捐赠汽车，帮助学生进行机械学习等。

（3）社区发展领域。尤其关注社区服务与社区营造，所开展的公益慈善活动包括：为社区提供就业机会；帮助灾民、贫困家庭和无家可归者建造或维修房屋；向社区捐赠食物及生活用品；慰问社区老人和军人家属；提供社区免费运载服务，运载儿童、孕妇等有需要人群；建立社区安全设施；设立"开放日"，听取社区成员意见，增强与社区的联系；维护社区环境，开展社区清扫活动；保护社区地标性建筑和社区历史文物；组织社区献血活动；举办社区派对、嘉年华活动；帮助社区成员安装儿童座椅，进行汽车座椅检查等。

（4）环保领域。尤其关注社区清洁和生态多样性，所开展的公益慈善活动包括：植树造林、海滩清理、垃圾回收、垃圾循环再利用活动；保护动植物，为海龟产卵修建海滩篱笆等。

（5）文化艺术领域。尤其关注社区文化艺术发展与儿童文化艺术享受，所开展的公益慈善活动包括：组织文化艺术进社区活动，为儿童和青少年提供文化艺术教育；支持传统文化（例如传统舞蹈）的发展；为社区筹办文化艺术节、文艺晚会等。

（6）女性发展领域。尤其关注女性健康，所开展的公益慈善活动包括：关注女性疾病如乳腺癌，提高人们对疾病的认识，资助疾病研究与治疗。

（7）人道主义救援领域。尤其关注灾民救助和灾后重建，所开展的公益慈善活动包括：向灾民捐赠食物、生活物品等；向灾民捐款；向灾区捐赠汽车；为灾民建造或修缮房屋；参与救援运载服务等。

（8）安全驾驶领域。尤其关注道路安全，所开展的公益慈善活动包括：设立驾驶安全培训课程；支持青少年参加安全驾驶会议；发生车祸后帮助社区清扫路障，指挥交通等。

（9）体育运动领域。尤其关注体育比赛的赞助和志愿服务，所开展的公益慈善活动包括：赞助或举办各类体育比赛；组织公益"彩色跑"活动，为慈善组织募捐；为体育赛事提供志愿服务，如清扫赛道、水站服务等；赞助体育队的日常训练和出国比赛；为体育队提供训练场地等。

值得强调的是，国外汽车流通行业普遍对社区给予关注。推动社区发展，已成为国外汽车流通行业可持续发展的重要基础。此外，国外汽车经销商、车主、汽车俱乐部以及汽车企业在流通领域的公益慈善也多存有交集。例如，许多慈善活动由经销商、企业或俱乐部共同组织，车主参与其中；经销商与企业共同成立非营利组织推动慈善事业的发展等。可见它们之间已经构成了相互关联、彼此互益的关系。

4.5.1.3 国外汽车流通行业公益慈善的路径

国外汽车流通行业公益慈善的路径主要有以下几种。

（1）独立开展活动。这是最普遍的方式，具有自由性、开放性等特点。

（2）与非营利组织合作。国外汽车流通行业的许多公益慈善活动是与非营利组织合作举办的，所涉及的领域从健康/医疗、扶贫、救灾到文化教育、社区发展、社会服务等。合作的非营利组织包括：美国癌症协会、红十字会、"仁人家园"、英国自闭症协会等。

（3）与行业协会合作。例如，美国 DCH 汽车经销商集团与美国汽车经销商协会（NADA）合作，支持青少年安全驾驶公益活动等。

（4）成立非营利组织。例如，为了帮助癌症儿童获得更好的治疗，现代汽车美国公司与全美 830 多家现代汽车经销商合作，成立了非营利组织"车轮上的现代希望"，资助儿童癌症研究与治疗。美国 DCH 汽车经销商集团关注青少年安全驾驶，成立了 DCH 青少年安全驾驶基金会，支持青少年安全驾驶项目的发展等。

（5）通过志愿者服务中心开展活动。例如，丰田汽车公司在日本成立了志愿者中心，组织员工、车主和经销商开展公益慈善活动。志愿者服务中心具有独立性和专业性等特点，对于规范汽车流通行业的公益慈善行为具有重要作用。

4.5.2 经验的中国化

（1）从传统公益慈善向新型公益慈善演进，拓展公益慈善领域，提高汽车流通行业公益慈善的创新性。目前中国汽车流通行业关注的慈善领域仍以传统型慈善为主，包括教育、环境保护、健康/医疗、抗震救灾、定点扶贫等，在此基础上，还应当进一步拓展公益慈善领域，例如科技领域、文化艺术领域、社区发展领域等，提高汽车流通行业公益慈善的创新性和吸引力。同时应当进一步扩大参与人群，例如通过"亲子公益"提高车主积极性，扩大影响力。

（2）参与社区营造，开展志愿服务活动，提高汽车流通行业各主体的自主性。国外汽车流通行业公益慈善的最大特点是对社区的关注，包括社区营造、社区服务等。社区与人们的生活息息相关，通过社区公益可以增加社区成员对社区的认同感，扩大汽车流通行业在社区的影响力，从而提高其经济效益并产生社会价值。中国汽车流通行业也应当关注社区，积极开展社区营造和社区服务，构建和谐社区。同时也要提高汽车流通行业各主体（经销商、车主、俱乐部等）的自主性和独立性，通过开展多样的慈善活动提高汽车流通行业的影响力。

（3）建立志愿者中心（协会），提高汽车流通行业公益慈善的专业性。国外汽车流通行业中，一些经销商集团、车企等都成立了志愿者中心（协会），负责组织员工或车主开展公益慈善活动。这些志愿者中心（协会）有专业人员指导公益慈善行为，其所开展的公益慈善活动也更加规范和专业。中国汽车流通行业也应当建立志愿者中心（协会），提高公益慈善活动的专业性。

（4）以汽车为载体，开展与汽车密切相关的公益慈善，突出汽车流通行业的特点，提高汽车流通行业公益慈善的可持续性。国外汽车流通行业抓住了汽车公益慈善的特色，以汽车为载体，推动汽车相关领域的公益慈善，例如推广安全驾驶培训，提高司机安全驾驶意识；为有需要的群体提供免费运载服务；举办车展、慈善晚宴、汽车体验活动、自驾游活动等。这些活动都以汽车为载体，既做了公益，也推广了汽车，符合汽车行业的特点。中国汽车流通行业也应当充分发挥汽车的优势，以汽车为载体开展公益慈善，实现可持续发展。

（5）建立共享平台，提高汽车流通行业的参与度，提升互益性。国外汽车流通行业在开展公益慈善活动时彼此之间存在许多交集，具有互益性。中国汽车流通行业也应当借鉴这一经验，融合各方力量，建立共享平台，实现信息共享与合作共赢，通过合作，扩大公益慈善活动的影响力，实现互益。

（6）由汽车流通协会牵头，设立相关奖项、指数等，提升汽车流通行业参与公益慈善的积极性。以美国为例，由 *Time*、NADA等联合举办的"时代年度经销商奖"在美国汽车流通行业具有深远影响，对于促进经销商履行社会责任、推动行业发展具有积极作用。中国汽车流通行业也应当设立一个具有广泛影响力和参与度的汽车慈善奖，提高汽车流通行业参与公益慈善的积极性。

（7）加大汽车流通行业公益慈善的宣传力度，提升社会性和影响力，推动汽车流通行业的公益生态建设。国外汽车流通行业普遍注重公益宣传，例如在官网设立"公益慈善"板块，介绍公益慈善活动，这对于提升知名度和社会影响力具有重要作用。中国汽车流通行业也应当注重公益慈善的宣传，通过官网、大众媒体（如新闻报道、官方微博等）进行宣传，提高社会影响力，推动汽车流通行业的公益生态建设。

汽车流通行业开展公益慈善，对于提高社会声誉、创造经济价值、打造品牌特色、推广品牌文化具有积极作用。在借鉴国外汽车流通行业公益慈善经验的基础上，中国汽车流通行业也应当结合中国的国情，探索出适合中国的公益慈善之路，推动中国汽车流通行业公益慈善的可持续发展。

第五章
行业协会公益慈善责任分析

　　不同国家的行业协会的成立历史不尽相同，其职能却有很大相似性，总体来说，行业协会都担负着提供相关服务、引领行业发展、维护行业秩序的功能。行业协会提供的服务不仅是对会员的服务，也包含对政府、社会的服务，社会组织的服务功能是其重要职能之一。随着社会的进步发展，行业协会的社会服务职能在不断更新，这是一项与时俱进的评价内容。社会责任是行业协会的人文关怀，也是行业协会服务社会的手段之一。对此，国内外的行业协会在实践中都有所体现。

5.1　国内行业协会公益慈善现状

从国家层面来看，在 2017 年民政部发布的《全国性行业协会商会评估指标》中，专门在"工作绩效"中提到了"社会责任"分值，指标中对"社会责任"的评估标准包含劳资和谐、劳动保护、节能减排、低碳生产、公益活动、公共服务，这一系列标准的分值约占 22%。并且当行业协会进行免税资格申请时，描述其从事公益活动及非营利活动的内容是必要参考。可见，国家在社会组织评估和免税扶持角度都在大力引导社会组织开展公益活动。

从行业协会自身来看，在国家倡导下，一些行业协会已经将公益活动纳入日常工作计划中，充分发挥行业协会的桥梁纽带作用，牵头开展各类公益活动。也有越来越多的企业认识到，企业进入任何一个市场都涉及与当地政府和社会等各方的公共关系，参与公益事业是打开公共关系突破口的重要渠道。

　　行业协会开展公益活动的模式通常是行业协会负责牵头、策划，制定目标方案之后联合企业，成熟的企业也会主动支持，因为发展公益事业不仅是行业协会的意愿，更是企业提升自己企业文化的发展战略。行业公益的发展与企业发展壮大、企业发展思维变革息息相关，形式也越发多样化。不仅涉及行业宣传、科普，还涉及扶老、救孤等传统事业。随着新媒体的出现，宣传方式更加多元化，电视、报纸不再是宣传的主力军，微信公众号、微博、直播软件等多媒体融合，极大地提升了宣传力度。

　　行业协会联合企业参与公益活动带来的效应是共赢的。对于行业协会来说，参与公益活动能够增强会员和协会的公信力和凝聚力，在践行社会责任的同时，增强社会责任感。举办或参加公益活动，有助于行业协会塑造正面形象，扩大品牌影响和声誉。对于企业来说，在公益活动中，同样也能获得良好的口碑，提升社会公众形象，同时带动产品营销。就企业和行业协会合作模式来看，固有合作方式被打破，参与公益活动突破了行业协会与企业的合作局限，逐渐使两者的发展都走上良性循环之路。

5.2　域外行业协会公益慈善现状

5.2.1　美国：协会治理下的共同行动

美国这种多元主义国家行业协会商会的参与方式是游说政府，因而这些组织被称为"利益集团"。一些行业协会商会以"管制下的自律"形式使特殊利益服务于一般利益，以自主的、民间性的商会进行行业自治，又称协会治理（associational governance）。[①] 在美国有两类非营利性法人组织，一类是根据美国税法501C（3）条款登记的私人组织（如私立医院、学校、基金会、思想库、私人博物馆等），另一类是根据美国税法501C（4）条款登记的会员制组织（如协会、商会、联合会、联盟等）。它们之间的相同之处在于都可以接受免税的捐款，但不能从事分红性的营利活动；不同之处在于前者不能从事游说活动，而后者可以。

美国行业协会商会主要以民间团体的形式存在，它不以

① John L. Campbell, J. Rogers Hollingsworth, and Leon N. Lindberg (eds.), *Governance of the American Economy*, New York：Cambridge University Press, 1990.

营利为目的，是否加入商会取决于工商业者对商会的认可程度和他们自身的意愿。行业协会商会自身设有课题小组研究国际业务、法治领域相关问题、对中小企业的服务方向等，因此它们的政策对策研究都是相当独立的。[①]

业务开展主要侧重于以下几个方面。其一，开展国际业务。美国行业协会商会自成立以来一直致力于开放国际市场，减少美国及海外自由竞争的障碍，其属下有 14 个独立的双边贸易协会，由美国和他国商界人士领导组成，目的是促进美国与特定国家和地区间的贸易商务关系。此项工作的负责部门是商会国际部，它负责提出美国在国际贸易中的有关重要问题，例如投资、出口管制、多边贸易、税务、技术转让、国际竞争等。同时，其国际部也是海外美国行业协会商会和代表美国海外的商界各地区组织在华盛顿的协调机构。其二，参与公共活动。美国的公共政策和法律的制定都需要行业协会商会参与，行业协会商会代表会在国会作证，并与议员、政府官员商讨有关法律和政策的制定。行业协会商会还积极协助民间企业的国会议员候选人从事竞选活动，这种支持不是小范围寡头的支持，比如 1984 年美国国会就

---

① 参见金柏松《法国、美国和日本商会的运作及可供借鉴的经验》，行业协会商会网，http://www.fctacc.org/htm/2011324/2011324113124581.html，最后访问日期：2019 年 3 月 18 日。

曾赞助 120 位公职人员参与竞选。行业协会商会本身就会开展一些超越行业、党派的调查研究，并且致力于推进公共政策实施，因此对于美国来说，行业协会商会参与公共活动是相当便捷且自然而然的事情。其三，舆论影响。行业协会商会拥有这项功能源于它们自身的理念，要影响公共社会首先需要扩大自身的舆论影响力，因此行业协会商会创办了自己的传播企业——商业电视联播公司，迄今为止，这家公司已经是美国第五大电视广播公司。同时出版《全国贸易》，这本杂志是美国发行量最大的商业杂志。除此之外，还出版了《华盛顿报告》《协会通信》《国会行动》等刊物。行业协会商会运用广播、电视、电影、书刊等方式在社会舆论中不断扩大影响，提高话语权。其四，参与商事审判工作。美国行业协会商会下属全国行业协会商会诉讼服务中心会在联邦法院和立法机构中代表商界占有一席之地。其五，开展针对中小企业的服务。美国行业协会商会设有中小企业服务中心，该中心的工作目标是扶持中小企业，并通过传播媒介向公众和政府主管部门、国会等第三方介绍中小企业的发展状况，提供中小企业发展的相关资料，并通过行业协会商会自身影响力举办相关座谈和讨论会，以此促进中小企业发展。

美国行业协会商会进行公益慈善的行动模式通常是成立

行业协会的基金会，通过基金会与社区合作，完成一系列公益项目。这与会员自身参与公益慈善项目不同，行业协会所选择的项目更侧重于资助、扶持属性，如通过捐款和赞助向非营利机构提供急需的支持，并通过奖学金和紧急援助基金帮助个人。①

5.2.2　德国：公共领域的重要参与方

德国堪称世界上非政府组织数量最多的国家之一，规模千差万别，很多仅由几人组成，最大的汽车组织"德国汽车协会"会员则多达 1248 万人。德国的非政府组织在国内把触角伸向社会生活的各个领域，一方面承担大量政府委托的公共职能，并相应接收大量来自政府的财政资助；另一方面对各级政府和公共组织起到重要的监督和制衡作用，积极参与和影响公共政策的制定。其经费来源有四个渠道：第一是私人、企业、基金会的捐款；第二是政府拨款；第三是会员会费；第四是提供有偿服务所得收入。德国的行业协会（商会）是半官方性质，并且强行要求企业入会，担负着管理职责，但它在本质上与大陆法系其他国家的商会没有区别，纽

---

① http://www.adakc.com/charity.html，最后访问日期：2019 年 3 月 15 日。

伦堡工商会和汉堡工商会早在 17 世纪就已经出现，为了依法加强对工商会组织的管理，德国于 1956 年颁布了《工商会法》，以规范工商会组织形式和行为。该法律规定工商会的职能有保护会员利益、振兴商业活动、陈述工商业界的意见等，还要开展与交易及产业有关的业务。

由于德国行业协会的半官方形式，其在开展公益事业时表现出与美国不同的模式。德国通常是行业协会主导培育志愿者，成立志愿者学院，促进志愿者之间的交流，并以志愿者参加社会服务的形式完成公益项目。①

5.2.3　日本：政府主导下的多方参与

日本共有各种行业组织 23000 多个，几乎所有企业都加入了各种行业协会。行业协会与政府、企业三者在法律上平等，彼此协商和联系的机制非常紧密。日本政府会通过定期或不定期召集行业协会召开行业恳谈会、政策审议会和座谈会，商讨调整行业内的投资、调整生产领域、促进技术研发、增加银行贷款范围等诸多问题，在政府开展

---

① https：//www. adac. de/der-adac/verein/ehrenamt/ehrenamt-akademie/，最后访问日期：2019 年 3 月 15 日。

对外经贸协定的谈判过程中，行业协会也全程参与并提出建议；政府还会将一部分职能交予行业协会，行业协会定期向政府报送行业发展情况；行业协会借助与政府之间的紧密联系，对企业经营开展咨询和指导。

日本行业协会履行行业社会责任是通过积极促进整个行业进步而实现的。诸如推广环保产品以应对能源问题；[①] 通过宣传普及活动推广某一项福利政策，甚至借助娱乐圈的媒体流量影响提升活动的关注度。[②] 这与日本行业组织是受政府监管主导的成立形式有关，在这样的监管模式下，行业组织占有更多社会资源，能够从统领行业的角度参与发展，因此其公益行为也带有推广宣传的官方色彩。

5.3　域外经验的启示

域外行业协会因为成立方式和与政府间的关系不同，在参与公益事业时表现出不同的方式，但总体来说发达国家的行业协会都有着相当强烈的社会关怀，对行业的

---

① https://www.jeita.or.jp/japanese/business/subject.html，最后访问日期：2019 年 3 月 15 日。

② http://www.jamabj.cn/welfare/，最后访问日期：2019 年 3 月 15 日。

积极促进作用除了表现在参与国家政策制定和公共职能的发挥上，对行业的业务引导和扶持也是其实现社会责任的重要表现。当然，从另一方面来说，企业自身的社会责任意识也不能忽视，参与公益事业几乎已经成为发达国家企业家们的共识，因此，行业协会不论是成立基金会还是培育志愿者团体，这样成规模的公益行动都能够较为顺利地进行。

反观我国现状，从行业协会角度看，我国行业协会对公益活动的重视程度不够，缺乏经验，导致组织能力和执行能力仍有待提升，人才队伍也不够专业。在"大慈善"概念的指导下，开展业务范围的广度和深度还应该继续开拓，创新形式也有待加强。随着"一带一路"倡议的提出，与国际接轨是社会组织的总体趋势，行业协会参与公益活动也应该与世界接轨，逐渐实现国际化，加强国际互动，放眼全球，加快"走出去"的步伐。

从企业角度看，参与企业多数是成熟的大型企业，许多中小企业本身公益意识缺乏，没有把公益品牌战略作为日常工作的一部分，上升到品牌建设的高度。由于行业公益行为的提出主要针对行业协会，企业的主观能动性较差，在政府发文、派任务、拨款之后才有参与公益的行动，并没有积极投身于公益事业之中。① 这说明许多企业的社会责任意识不高，对公益事业的理解存在误区，行业协会应该多提供适合行业公益的主题信息，抓准时机开展公益项目，帮助企业选择适合自身的活动类型和模式。

我国行业协会的公益行动参与尚处在起步阶段，随着公益意识日渐深入人心，作为我国经济建设和社会发展的重要力量，行业协会将在加强行业自律、履行社会责任、社会治理创新等方面发挥更积极的作用。

---

① 丘柳玉：《中国卫生有害生物防制行业公益意识的崛起——写在6月6日世界害虫日成立一周年之际》，《中华卫生杀虫药械》2018年第3期，第310～311页。

第六章
汽车流通行业公益慈善发展建议

中国汽车流通行业公益慈善行动，应当充分挖掘自身优势，体现自身特色，以"品牌公益"为理论支撑，搭建汽车流通领域的公益生态系统，实现公益与"生意"的良性互动。

6.1 以"品牌公益理论"为支撑

中国汽车流通行业的公益慈善活动与市场紧密相连，是以"品牌"为依托而开展的公益行动。品牌公益作为一种新的理论模式或者理念，可以为促进和优化中国汽车流通行业的公益慈善行动提供理论支撑。

6.1.1　"品牌公益"的内涵

"品牌公益"作为一个理论概念提出，是对现实观察的理性总结，也是对公益慈善理论的创造性建构。品牌公益的本质是品牌的公益化，是以品牌为核心的公益新模式，具有自身的特点、优势和价值。

"品牌＋公益"并非简单的文字组合，其意味着一种新公益模式的诞生。品牌公益是基于仁爱思想，以企业品牌为主要共同体并主要面向企业品牌利益相关者，进行的包含一定的财产公益化、利益共享化、治理公域化的实践探索。质言之，品牌公益是基于企业品牌而形成公益场域以及在公益场域中孕育的公益理念与公益行动所构成的相对独立的公益供给体系和公益模式。

品牌公益意味着企业形成了一定的利益共享理念与机制，即企业的发展成果或者说盈利，与客户或者社会群体共享。品牌公益与传统公益模式不同，品牌公益的核心是企业品牌，公益品的产生和供给均围绕企业品牌进行。为了更好地框定品牌公益的外延，有必要将该概念与学界已经使用的相似概念进行区别。

　　首先，品牌公益不是"公益品牌"。公益品牌的概念主要在两个层面使用：第一，公益项目或者公益组织品牌化，即公益项目或者公益组织因得到社会认可而形成一定的品牌；第二，企业公益战略，即企业通过从事公益和慈善活动提升企业品牌，其实质是将通常被视为义务的企业慈善活动转化为有价值的企业资产，从而实现公益与商业目标的双赢。[①] 品牌公益的概念则是为了强调企业品牌的独立性，企业品牌本身构成独立的公益系统。

　　其次，品牌公益有别于"公益营销"。公益营销概念最早由美国运通公司于1981年明确提出并成功运作。[②] 公益营销被认为是"一种将企业的盈利目标和公益目标相融合，借助公益活动的有效宣传、执行以及消费者的主动参与，以树立良好的企业形象，以此来影响消费者心理及行为，使其对企业的产品或服务产生偏好，并优先选择购买该企业产品或服务的一种新型营销方式"。[③] 公益营销的核心是将"公益"作为营销的手段，虽然强调公益与营销的相互促进关系，但

[①] 葛笑春：《企业公益品牌策略的案例研究》，《商业研究》2009年第4期。

[②] 该公司在全国范围内利用与公益事业相结合的市场营销，将信用卡的发放使用以公司捐赠的方式推出，1983年又捐赠170万美元修复自由女神像等，赢得良好声誉，促使公司营销额大幅上升。韩晓莉：《企业公益营销的误区及对策》，《山西财经大学学报》2011年第3期。

[③] 刘勇、张虎：《公益营销：通过做好事 把事情做得更好》，中国经济出版社，2011，第2页。

总体而言公益处于附庸地位。品牌公益则突出企业将公益作为一种"独立事业"，是企业财产公益化、利益实现共享化的过程。

6.1.2 品牌公益的特点和优势

与传统公益模式相区别，品牌公益的特点体现在：品牌公益是品牌的公益化，属于互益型公益且构成相对独立的公益供给系统，这些特点的内在基础则是财产公益化、利益共享化和治理公域化（如图19）。品牌公益的特点，决定了其具有独特的优势。

图 19　品牌公益的三要素

6.1.2.1 品牌的公益化

品牌公益属于企业品牌的公益化，本质上是企业品牌财产的公益化。品牌公益的基础和前提，便是品牌（企业）的部分财产具有公益属性，用于支持公益活动。品牌公益发端于市场，与市场具有天然的联系，这是其与"专业公益活动"①的关键区别。品牌的公益化，是化私为公的过程，品牌公益则是这个过程的外在表现和成果。品牌公益彰显了市场的公益潜质，使得市场主体的私属性迸发出"公"的光辉。

品牌公益的优势之一，便是其与市场的天然联系，为公益与商业的融合与互动建立了一个便捷、安全的渠道。一方面，品牌公益的市场性方便公益行动更为直接地获得市场上的资源和支持；另一方面，品牌的影响力和凝聚力可以使基于品牌而进行的公益行动得到更多的资源和支持。当然，品牌公益的市场属性，也使其具有一定的局限性，需要面对一定的挑战。

6.1.2.2　互益型公益

传统公益模式主要是利他型公益，即公益供给者与受益者之间是一种单向的关系：公益供给者与受益者角色分明，公益供给者向受益者提供公益产品，受益者接受公益产品。与传统公益相比，品牌公益则凸显互益性。品牌公益的互益性基础和基本逻辑是利益的共享性。品牌公益意味着企业形

---

① 这里的"专业公益活动"指的是公益组织、慈善组织开展的公益活动。

成了一定的利益共享理念与机制，即企业的发展成果或者说盈利，与客户或社会群体共享。正是这种利益共享性，决定了品牌公益的互益性。

品牌公益的互益性体现在三个层面。第一，品牌的持有者与公益受益者之间的互益性。从公益行动的动机和效果来看，品牌公益都不是单向的。品牌公益为受益者提供了公益品，反过来品牌本身也可以借助公益行动提升自身的影响力和公信力。第二，品牌持有者与其他公益参与者之间的互益性。品牌公益主要的参与者是品牌关联企业、客户和受品牌影响者，通过品牌公益行动，扩展了品牌与关联企业、客户的联系渠道，强化了品牌的社会影响，提升了客户的忠诚度。反过来，品牌公益也为客户和其他主体提供了更加专业化、有特色或者可信赖的公益渠道，使得他们的公益之心得以化作行动。比如，部分汽车流通行业开展的"自驾游＋公益"的公益模式，便是将企业特色活动与公益有机结合的例子。第三，品牌公益的参与者与受益者之间的互益性。一方面，品牌公益的参与者可以借助企业品牌搭建的平台，在公益活动中"自我实现"；另一方面，公益受益者可以得到救助或者助成。

6.1.2.3　独立的公益系统

从公益行动的运作机制来看，品牌公益一般构成独立的公益供给系统：以企业品牌为核心形成一个相对封闭、独立和完整的公益供给系统。与其他类型的公益模式相比，品牌公益的资金和物资一般由公司承担，公益行动由公司策划和组织，公司及其员工是恒定公益参与者，而且其他参与者也主要以与企业品牌相关的主体为主。换言之，品牌企业可以独立生产公益品，并完成公益品的供给。其他组织和人员的参与只是"锦上添花"，不是必要条件。品牌公益的独立性还体现在公益行动的目标人群和活动往往以企业品牌为纽带。相比之下，其他类型的公益模式，则往往是开放的非独立系统。比如，公募型基金会在上游需要获得捐助和资本注入，在下游需要公益组织为其具体实施项目。其他公益模式也往往需要各方力量密切配合，方能完成公益品的生产和输送。

品牌公益形成的相对独立的公益供给系统，实际上是"治理公域化"的体现。企业内部治理以及企业与外部资源、客户的互动等，构成一个大的治理空间。而品牌公益的形成，意味着企业内部治理以及企业与外部资源、客户的互动等，构成了一定的公共领域，即治理公域化。换言之，品牌公益模式下，企业的内部治理和外部互动，已经由纯粹的私人行动，变成一种公共行动，行动的空间也因为公共话语和公共行动，而变成了公共领域。

品牌公益的独立性和系统性是其一大优势：一方面，与企业效益直接挂钩，筹款压力较小，减少了部分环节，行动能力更强；另一方面，有助于防范公益行动异化为营利性活动。施乐会"置顶费"事件，反映了公益性组织可能变相谋求盈利。[①] 品牌公益的资金直接源于企业，其生存压力较小。

6.1.2.4　企业品牌影响力和价值提升是持续动力

品牌公共性与品牌公域主要解释了品牌公益的产生基础，而品牌影响力和价值提升是品牌公益的持续动力。首先，品牌公益行动中，一般会伴随着品牌的宣传，或者在公益行动中进行品牌嵌入。比如，北京利星行公益基金会捐建的希望小学，均称为"××利星行希望小学"，将企业品牌以"公益"的方式融入受捐助的地区。再比如，宝马爱心基金开展的所有项目，都是以"宝马××""BMW××"形

---

① 余玉花、李敏：《论公益组织的诚信生态》，《伦理学研究》2016 年第 5 期。

式冠名，而且活动中会使用品牌标识，通过多种途径将品牌
嵌入公益活动之中。其次，品牌公益行动中，重要的参与者
是企业客户。企业组织部分客户参与公益行动，实际上也是
通过公益平台建立与客户的密切联系，提升客户对品牌的认
可度。比如，利星行、宝马等公司在开展公益活动时，一般
会邀请爱心车主参加，客观上加强了企业与客户之间的互
动，以及品牌对客户的影响力。最后，品牌公益行动中，企
业注重将企业文化、价值观等注入公益行动中。比如，可口
可乐公司、宝马公司在开展公益行动时，注重将公司的价值
观融入公益项目，其中一个非常重要的目的便是在公益行动
中，宣传公司的价值观，提升公众对公司价值的认同。

6.1.3　品牌公益的价值

品牌公益紧紧依托市场，且具有互益性和独立性特点，
使其具有独特的价值。首先，品牌公益有助于转变公益慈善
理念，即由"利他性"向"互益性"转变；其次，品牌公
益为商业与公益之间的有机融合提供了安全渠道；最后，品
牌公益对于企业品牌具有助成和价值提升作用，有助于落实
企业社会责任，并塑造品牌的内在德性。

6.1.3.1 转变企业公益慈善观念

传统公益慈善观念认为，慈善与市场虽然不是"泾渭分明"，但也是各自独立的系统，公益慈善主要是"利他性"行动。正如迈克尔·波特（Michael E. Porter）指出，企业面对公益问题时经常会犯两个错误：其一，把企业和社会相对立，只考虑两者的矛盾，而无视两者之间相互依存、相互转化的关系；其二，孤立地考虑社会责任，而没有从企业战略的角度出发来思考这一问题。[1] 长期研究企业慈善的中国社会科学院社会政策研究中心主任杨团也认为：中国企业更多时候采取的是一种利他型的慈善态度。但这是一种过时的模式。利他模式的基本规则，其实是将公司社会责任与经济责任相对立。[2]

品牌公益理念和行动的引入，有助于转变传统公益慈善观念。首先，重塑市场与公益之间的关系。品牌公益模式下，市场与公益建立了直接的联系，具有私属性的市场主体，在特定的机制下产生了公共属性。品牌公益使得市场与

---

[1] Michael E. Porter, Mark R. Kramer, "Strategy and Society: The Link between Competitive Advantage and Corporate Social Responsibility," *Harvard Business Review*, 2007, pp. 77 – 92.

[2] 陈致中、王萍：《公益营销传播理论与研究现状：基于案例分析的视角》，《现代管理科学》2013 年第 9 期。

公益之间的融合与互动，变得更为畅通。另外，品牌公益意味着将公益纳入企业发展战略具有积极意义，品牌公益有助于提升企业的品牌价值。其次，品牌公益彰显了品牌与公益、市场与社会的互益性。品牌公益是一种互益型公益。因而品牌公益的运行、发展以及取得的成果，有助于改变人们将"公益"仅定位为"利他性"行为的认知。

6.1.3.2　企业与政府、社会互动的良性媒介

公益的公共性使其成为政府、企业和社会的共同关注点，政府、社会和企业均将公益作为自身的使命之一。品牌公益恰恰为政府、企业和社会的良性互动提供了媒介。首先，品牌公益为企业和政府之间的合作与交流提供了安全平台。企业发展离不开政府的支持和帮助，过去企业与政府的交流渠道比较单一，从而衍生出一些灰色甚至黑色地带。品牌公益为企业与政府互动与合作提供了新的契机。一方面，企业做公益可以得到政府的认同，改善政府对企业的印象；另一方面，企业可以借助公益平台或者行动与政府建立一种紧密的联系，而且这种联系是合法的和安全的。其次，品牌公益为企业和社会之间的交流互动提供了新的平台。过去企业与社会的关系，主要是通过商行为搭

建。品牌公益模式下，企业与社会的互动有了新的渠道和媒介，而且这种渠道和媒介更容易得到社会的认可与接受。另外，品牌公益为社会公众参与公益活动提供了更加多元的渠道。

6.1.3.3 强化企业品牌影响力和认同

理论上，真正的企业品牌是建立在品牌利益相关者对品牌独特核心价值的认同并且双方都受益的基础上的。[①] 而市场营销和品牌竞争的实践证明，成功的品牌必然具有很强的文化附加值，且文化附加值获得公众特别是客户的认可和接受。品牌公益紧紧围绕品牌展开，有助于强化品牌的影响力、客户以及社会对品牌的认同。首先，品牌公益可以营造或者提高品牌的"公信力"。[②] 品牌代表一种公信。或者说，品牌营造的主要目的是打造品牌公信。[③] 通过品牌公益，可以在社会或者客户心中打造负责任企业的形象，而这种负责

[①] 具体体现为：品牌具有鲜明的个性；品牌是商品信息和内涵文化的巨大载体；品牌具有符号价值，能产生丰富的对应式联想；品牌具有一定的信任度和追随度，有很强的创利能力；品牌具有强大的感染力，能让消费者对其产生情感乃至自豪感，最终成为消费者情感的依托。〔美〕唐·舒尔茨、海蒂·舒尔茨：《唐·舒尔茨论品牌》，高增安、赵红译，人民邮电出版社，2005，第23页。

[②] 王稚琴：《治理视野下的行政公共性》，《中国行政管理》2015年第9期。

[③] Aaker D A., *Managing Brand Equity: Capitalizing on the Value of a Brand Name*, New York: The Free Press, 1991, p. 18.

形象是公信的基础。其次，品牌公益有助于提高客户对品牌的忠诚度和非客户对品牌的认可度。从营销学的角度来说，品牌公益可以增强客户对品牌及其产品的黏性。反过来，品牌忠诚度有助于防范品牌产品的风险。三星手机 Galaxy Note 7 尽管爆出电池质量问题但仍能引爆市场而被抢售一空，便是例证。Park 认为，消费者在感知品牌产品溢价出售或者有质量缺陷后仍然忠诚地进行购买，是因为消费者对产品品牌形象有强烈的认同感，从而产生了强烈的品牌认知和品牌依恋（Brand Attachment）。① Elena 和 Jose 认为，品牌信任是消费者在面临风险的情况下，对品牌的可靠性和倾向性有信心的期望，是消费者从品牌得到的一种安全感，该品牌可以满足消费者的期待。② 企业越能加深消费者对品牌的关联度认知和心理位置认知，消费者对品牌的依恋程度就会越高，从而将会产生更高、更持续的品牌忠诚度，促使产品实现溢价销售。③

---

① Park C W., Macinnis D J., Priester J., "Brand Attachment: Constructs, Consequences and Causes," *Foundations & Trends in Marketing*, 2006, pp. 191 – 230.

② 贺爱忠、郑帅、李钰:《公益营销对消费者品牌信任及购买意愿的影响》,《北京工商大学学报》（社会科学版）2005 年第 3 期。

③ 邓诗鉴、郭国庆、周健明:《品牌联想、品牌认知与品牌依恋关系研究》,《管理学刊》2018 年第 1 期。

6.1.3.4 落实企业社会责任

品牌公益是落实企业社会责任的重要渠道。企业应当承担社会责任已经成为各界共识，并为我国立法所确认。[①] 但对于什么是企业社会责任、如何落实企业社会责任的问题，无论是企业还是学界都有着不同的答案。品牌公益是企业落实社会责任的重要方式，而且实践证明取得了良好的社会效果。首先，品牌公益是企业主动开展的公益慈善活动，与其营利性行动截然不同，是企业承担社会责任的方式之一。其次，品牌公益有助于实现企业社会责任与经济责任、公共性与营利性的融合。传统上，企业常常将企业社会责任与企业业务发展相对立，而这无疑会影响企业承担社会责任的积极性和主动性。品牌公益的互益性意味着企业承担社会责任与品牌发展不仅不矛盾，而且是相互促进的，无疑有利于激发企业承担社会责任的积极性。四川汶川大地震发生后，那些在第一时间以巨资捐助灾区的本土企业及其品牌获得了公众的空前追捧；一些没有及时捐款的著名外资企业遭到网络舆论的猛烈抨击，发生了前所未有的品牌信任危机，其品牌产

[①] 《公司法》第 5 条规定：公司从事经营活动，必须遵守法律、行政法规，遵守社会公德、商业道德，诚实守信，接受政府和社会公众的监督，承担社会责任。

品遭到消费者的强烈抵制。^① 正反两个方面的例子恰恰证明
了企业承担社会责任的意义。最后，品牌公益是以品牌为核
心的，公益行动中伴随着品牌标识和理念的使用，因而可使
企业承担社会责任的行为为公众所知。

6.1.3.5　塑造企业品牌的内在德性

品牌公益实际上是品牌内在德性的体现，也是品牌内在
德性塑造的途径和方法。按照亚里士多德的定义，德性就是
一种使人善良，并出色地运用其功能的品质。从现实来看，
成功的品牌不仅赢在产品和服务上，而且赢在品牌本身彰显
的德性和价值理念上。企业在自身发展的同时，必须以符合
伦理道德的行动回报社会。品牌公益与品牌内在德性的关系
体现在两个方面。首先，品牌公益使得品牌本身的德性得以
彰显。品牌的市场性使其德性被忽视或者掩盖，品牌公益则
使得企业、品牌"善"的因素得以发挥。公益关乎公共事
务，其本身彰显了一种公共道德。品牌公益意味着企业公共
品德的彰显和发挥。其次，品牌公益使得企业、企业员工和
其他参与者在公益活动中提升自身的德性。

---

① 贺爱忠、郑帅、李钰：《公益营销对消费者品牌信任及购买意愿的影响》，《北京
工商大学学报》（社会科学版）2005 年第 3 期。

6.1.4 品牌公益产生的理论逻辑：企业品牌公共性

品牌公益作为一种独立的公益模式产生与运行，并非出于偶然，而是具有深刻的理论基础：企业品牌的公共性，使得围绕企业品牌而形成了企业品牌公共领域（企业品牌公域），企业品牌公共领域则孕育了品牌公益理念和行动，并为品牌公益提供支持（见图20）。而品牌公共性与品牌公域的桥梁和载体则是企业财产公益化和利益共享化。

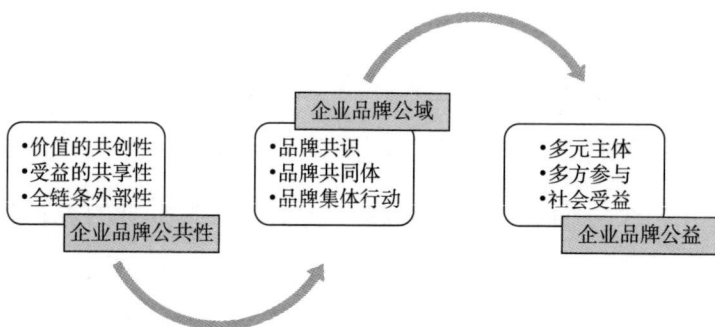

图20　品牌公益的理论逻辑

6.1.4.1 理论前提：企业品牌的公共性

哲学意义上的公共性概念被认为最早由存在主义哲学家阿伦特提出，哈贝马斯和罗尔斯各自发展了自己的公共性理论。理论上，公共性既是人们存在的基础，也是人们建构的目的。关于公共性的本质，有学者认为，公共性指人与人之间的相互共享性。① 也有学者主张，公共性强调的是某种事物与公众或者共同体之间相关联的性质，通俗地讲就是某种事物所体现出来的"为大家好"的属性。② 有学者指出：公共性离不开共同性，公共性需要以共同性为基础。③ 日本学者今田高俊对公共性进行了类型学研究，认为可以把公共性划分为言论系谱的公共性和实践系谱的公共性两种基本类型，并认为这两个方面的公共性都很重要，需要在两者之间保持平衡。④

从学者的观点来看，公共性意味着与某种共同体的关联性，关涉不特定主体的利益（公共利益），并且为不特定主体所关注和讨论。换言之，公共性意味着共享性和外部性。

---

① 谭清华：《谁之公共性？何谓公共性？》，《理论探讨》2014 年第 4 期。
② 唐文玉：《社会组织公共性：价值、内涵与生长》，《复旦学报》（社会科学版）2015 年第 3 期。
③ 唐文玉：《国家介入与社会组织公共性生长——基于 J 街道的经验分析》，《学习与实践》2011 年第 4 期。
④ 从阿伦特（H. Arendt）、哈贝马斯（J. Habermas）到梅鲁西（A. Melucci）等，西方学者所研究的作为公共舆论以及讨论的公共空间的公共性，是言论系谱的公共性；而由支援活动所开拓出来的公共性，则是实践系谱的公共性。参见〔日〕今田高俊《从社会学观点看公私问题——支援与公共性》，〔日〕佐佐木毅、〔韩〕金泰昌主编《社会科学中的公私问题》，刘荣、钱昕怡译，人民出版社，2009，第 60~61 页。

我们发现，企业一旦形成一定的品牌，品牌本身便具有了公共性。

首先，企业品牌的公共性客观存在。从营销学角度来说，企业品牌是产品利益点、品牌所有者核心价值、消费者体验与感受这三者的结合。[1] 根据学者考察，当前社会处于"多元化主义公共性时代"，[2] 市场组织也成为公共性的开拓者，[3] 品牌作为市场组织的核心代表亦可以成为公共性的开拓者。之所以认为市场属性的品牌具有公共性，主要基于以下理由。第一，企业品牌一旦形成，会与特定的共同体产生联系，特别是品牌产品或者服务的使用者、上下游关联企业。客观上，围绕企业品牌的使用或者随着影响力提升，会形成一定的"品牌共同体"，即由企业品牌的使用者、上下游关联企业构成的虚拟共同体，使得企业品牌的公共性得以凸显。第二，企业品牌具有辐射性和外部性，其能够影响到不特定主体的利益、认知和情感。品牌的质量、声誉和行

---

[1] 王敏：《品牌策略下的城市公共性景观效能优化研究》，《同济大学学报》（社会科学版）2010 年第 6 期。

[2] 唐文玉：《社会组织公共性：价值、内涵与生长》，《复旦学报》（社会科学版）2015 年第 3 期。

[3] 市场组织或者说营利性组织在新的时代背景下也日益充当了公共性的显性开拓者，很多市场组织在从事营利性活动之外，也会从事一些非营利性的公共活动，构成了新时期公共性开拓的亮丽风景。参见唐文玉《社会组织公共性：价值、内涵与生长》，《复旦学报》（社会科学版）2015 年第 3 期。

动，会直接影响不特定主体的利益。比如，品牌的口碑直接影响用户的身份认知和定位。第三，企业品牌促使公共话语和公共舆论场域的形成。企业品牌面向不特定群体而存在，对不特定主体产生影响，反过来不特定群体会围绕品牌形成对话、争论或共识，从而形成一种公共舆论场域。企业品牌的成长，往往伴随着公共舆论场域的培育，而且品牌越大，公共舆论场域也越大。第四，企业品牌具有共享性。虽然从财产属性上品牌属于私主体，但在其价值和精神层面上，可以为不特定主体所共享。实际上，品牌共同体的形成，恰恰是基于品牌本身的共享性。当基于品牌而形成一定的共同体，那么意味着共同体内部共享品牌的价值与荣耀，有一种"荣辱与共、共进共退"的意味。第五，企业品牌具有外部性。品牌一旦形成，便超出企业产品或者服务本身，具有外溢的效果。[①] 比如，宾利、劳斯莱斯品牌，早已超出了汽车的内涵，而成为一种身份的象征。

其次，发现和确认企业品牌公共性具有深刻的意义。第一，企业品牌的公共性决定了企业品牌不只是私人的事情，

[①] 大部分公共物品和共有资源都具有所谓效益外溢的现象，经济学中称之为"外部性"。如果这种影响是不利的，称为"负外部性"；如果影响是有利的，称为"正外部性"。N. Gregory Mankiw:《经济学原理》（*Principles of Economics*），北京大学出版社，1999。

企业品牌的维护和价值的提升是"大家的事情"。第二，企业品牌的公共性，意味着企业品牌可以成为公众关注的焦点，基于企业品牌而形成一定的共同体或者社区。这一共同体或者社区可能是跨区域的、非实体的。第三，企业品牌的公共性意味着品牌具有凝聚力和感召力，可以形成一定的共识、聚集一定的资源，从而形成一定的合力。第四，企业品牌的公共性意味着维护和实现公共利益，是品牌的天然属性和必然要求。第五，企业品牌公共性为公益行动提供了终极合法性根据。第六，企业品牌公共性意味着公益性是品牌的内在属性。公益实际上是通过合理的偏狭，即对特定主体利益的特殊照顾而供给和弥补政府公共性。① 换言之，公共性与公益性存在天然的联系。

6.1.4.2 企业品牌公共性产生"品牌公域"

企业品牌的公共性使得围绕企业品牌的公共领域得以形成和发展。换言之，企业品牌使人们形成了公共话语、交往和行动的空间，即哈贝马斯所说的"公共领域"。企业品牌公共性促使品牌公域形成的桥梁和物质载体是财产

---

① 张乾友：《作为合理偏狭的公共性——兼论现代治理的价值导向》，《国家行政学院学报》2018 年第 5 期。

公共性和利益共享性（如图21）。

图21 品牌公域的形成机制

从功能性视野来看，公共领域就是在多元价值主体之间构筑的公共对话平台，使代表不同价值取向的个体能够进行对话和商讨。而从实践理性来看，公共领域还为不同主体形成集体行动提供了平台和基础。

与公共性相似，现代意义上的"公共领域"概念是汉娜·阿伦特于1958年在她的《人的条件》一书中首先提出来的。在她看来，人的活动可以分为劳动、工作和行动。劳动和工作基本属于私人领域，行动则基本属于公共领域。[①] 而公共领域理论的集大成者当属哈贝马斯。他在《公共领域的结构转型》一书中提出："公共性本身表现为一个独立的领域，即公共领域，它和私人领域是相对立的。有些时候，公共领域说到底就是公众舆论领域，它和公共权力机关直接

①〔德〕汉娜·阿伦特：《人的条件》，竺乾威等译，上海人民出版社，1999，第35页。

相抗衡。"① 1964 年，哈贝马斯在《论公共领域》一文中对"公共领域"做出了明确的界定："所谓'公共领域'，首先是指我们的社会生活的一个领域，在这个领域中，像公共意见这样的事务能够形成。公共领域原则上向所有公民开放。公共领域的一部分由各种对话构成，在这些对话中，作为私人的人们来到一起形成了公众。那时，他们既不是作为商业或专业人士来处理私人行为，也不是作为合法团体接受国家官僚机构的法律规章的规约。当他们在非强制的情况下处理普遍利益问题时，公民们作为一个群体来行动；因此这种行动具有这样的保障，即他们可以自由地集合和组合，可以自由地表达和公开他们的意见。"②

在哈贝马斯看来，公共领域是基于公共性而产生的，是人们讨论公共事务、开展集体行动的领域。在这个意义上，具有公共性的事物可以促成公共领域的产生。

根据公共性与公共领域关系的原理，企业品牌的公共性使得基于品牌亦可产生公共领域，对于基于企业品牌而产生的公共领域，本文简称"品牌公域"。质言之，品牌公域基于企业品牌公共性而产生，并因企业品牌公共性得以维系和

① 〔德〕哈贝马斯：《公共领域的结构转型》，曹卫东等译，学林出版社，1999，第2页。
② 〔德〕哈贝马斯：《论公共领域》，汪晖译，《天涯》1997年第3期。

扩展。品牌公共性与品牌公域之间的桥梁和纽带是财产公共性与利益共享性。一方面，现代理念认为，企业财产不再仅具有私属性，而是要承担一定的社会责任和公共责任，即企业财产本身具有公共性，企业财产公共性的最直接体现便是企业财产的公益化，即企业财产中有一部分用于支持公益行动。企业财产的公益化为品牌形成公共领域提供了资源和载体。另一方面，企业的社会属性逐渐被挖掘出来，意味着企业作为社会的一分子，其与社会构成"一损俱损、一荣俱荣"的格局，而在这种格局下，企业与社会、企业与品牌用户之间存在共享的利益，即利益共享化，这种利益共享化使得企业与社会之间建立密切的纽带。正是在企业财产公益化和利益共享化双重驱动下，围绕品牌而产生了品牌公域。

企业品牌公域的特点包括但不限于以下几点。第一，不特定主体围绕企业品牌展开对话、讨论甚至争论，从而形成了一定的公共舆论场域。当人们围绕企业品牌形成公共对话，品牌本身便成为公共事务。实践中，品牌形成并产生影响时，会逐渐吸引公众围绕品牌展开对话。以宝马品牌为例，宝马作为一个品牌，会吸引不同主体围绕该品牌的质量、服务和影响等展开对话。由于宝马属于知名品牌，围绕该品牌的对话甚至可能超出品牌产品的功能本身。如某相亲节目中女嘉宾"宁愿坐在宝马车里哭"的言论，[①] 引发了公众的讨论，此时"宝马"品牌已经不只是一种车，而是一种财富或者地位的象征。第二，围绕品牌形成一定的集体行动。基于对品牌产品质量或者品牌价值的认同，部分客户可能会自发形成一定的组织，并开展一定的集体行动。比如，宝马、奔驰品牌的消费者，自发组成车友会，并开展相应的公共活动。第三，企业品牌公域具有开放性、自由性。企业品牌的市场性决定了其营造的公共领域是开放的和自由的，而且品牌存在扩展公共领域的内在动力。企业品牌在市场机制作用下具有辐射性，其所影响的群体范围和人数将不断扩大。

品牌公域的形成意味着以企业品牌为核心的公共治理空间的形成，品牌公域是一个异于商行为的公共空间，在这个空间里存在公共事务，公共精神得以培育，并且公共治理行动得以展开。

6.1.4.3 企业品牌公域孕育"公益行动"

企业品牌公域的形成，实际上是品牌治理公域化的结

---

① 2010年，江苏卫视相亲节目《非诚勿扰》上，一位女嘉宾说"宁愿坐在宝马车里哭，也不愿坐在自行车上笑"，引起公众讨论。

果，品牌财产的公共性和利益共享性，使得围绕品牌而开展的行动具有很强的治理性，或者说品牌的运营和维护体现了具有公共色彩的治理性。

企业品牌公域一旦形成，便为公益精神和公益行动的孕育提供了绝佳的土壤和空间。第一，品牌公域形成，有助于培育公益理念和精神。企业品牌一旦形成便成为各方情感、精神维系的纽带，从而体现出公共精神，这种公共精神在特定的机制下便转化成公益精神。第二，企业品牌公域的形成，使得围绕品牌而产生的公共事务，有了讨论的空间和可能，进而培育出公共精神和公共行动。公益活动是公共事务之一，也是公共精神的体现，因而品牌公域亦可以产生公益。第三，企业品牌公域的形成，意味着特定共同体的形成，而品牌公域中的共同体既可以是公益的行动者，也可以是公益的受益者，即品牌公域为公益提供了各种主体。第四，品牌公域可以汇聚共识、聚集资源。在企业品牌公域之中，各主体围绕品牌的影响、价值等，形成了一定的共识，而共识是开展集体行动的前提。品牌公域也可以产生一定的吸引力，能够吸引支持公益的资源。质言之，品牌公域形成，可以为公益行动提供资源和支持。一方面，品牌背后的企业可以直接为公益行动提供各种人力、物力支持；另一方面，品牌的利益相关者，比如客户、上下游关联企业亦基于对品牌的信任或者认同，而愿意贡献人力和物力。第五，企业品牌公域为集体行动提供基础。一方面，品牌公域之中，各方更容易形成共识，从而转化为集体行动；另一方面，企业品牌公域一经形成，便为各方采取集体行动提供了相应的场域。企业品牌成为一个纽带，将品牌的利益相关者联系在一起，[①] 形成公益集群以及公益集体行动。第六，企业品牌公域一旦形成，品牌的维护和塑造便成为一种"公共事务"，而公益行动是塑造和维护品牌形象、凝聚公信的重要方式，因而品牌公域的形成为品牌公益行动提供了持续的动力机制。

6.2 行业公益慈善的挑战与机遇

中国汽车流通行业企业从事公益慈善，有自身的优势，其市场性和营利性，使得该领域开展的公益行动挑战与机遇并存。推进和优化汽车流通行业公益慈善行动，需要认清挑战。

---

① 李建州：《简论品牌社区》，《经济管理》2005 年第 6 期。

6.2.1　中国汽车流通行业公益慈善的挑战

中国汽车流通行业的公益慈善行动是品牌公益的一种实践形式，其与市场具有紧密的联系，相对独立，客观上使得该类型的慈善活动需要面临更多的挑战，包括但不限于：市场性与公益性之间的张力；财产公益性缺失与不足；封闭性阻断公益生态链形成；公益理念与行动有待优化；公益行动本身存在内在局限与风险。

6.2.1.1　**市场性与公益性之间的张力**

中国汽车流通行业的慈善行动，首先要处理好市场性与公益性之间的张力问题，品牌归根结底是市场的产物。一方面，品牌的商业行为与公益行为之间可能存在一定冲突，即企业拿出资源做公益，可能会挤占企业商业行为的资源和空间，因而可能给企业带来负担，或者引起企业内部人员的不解，甚至反对，这无疑会影响企业开展公益的积极性和主动性。另一方面，现实中，由于未能处理好市场与公益的关系，部分企业的公益行动打上了"市场化""功利化"的烙印。首先，部分企业开展公益行动，主要是为品牌商业价值服务，公益本身的公共价值和精神被忽视。企业的营利性活动与非营利性活动界限不清，既影响公益的效果，也容易导致社会反感。[①] 其次，有些企业对做公益活动要么急功近利，要么是迫于社会压力而违心为之，缺乏诚意。品牌公益的功利性过强，必然影响其真正的公益性，进而无法发挥品牌公益应有的价值。最后，有些企业的公益行动过于简单、粗糙，存在形式化、走过场的嫌疑，并没有真正融入或者体现公益精神。因此，如何实现中国汽车流通行业企业市场性与公益性之间的协调发展，是开展公益行动必须考虑的问题。

6.2.1.2　财产公益性缺失或不足

品牌公益的良性和稳定运行，有赖于企业财产的部分公益化，即至少部分资金专门用来做公益。目前来看，部分企业的公益行动具有随机性、偶然性，缺乏稳定的公益机制。究其原因，主要是这些企业并未实现财产公益化或者形成稳定的财产公益化的机制。具体表现为：部分企业并没有专门的公益慈善资金，只是基于偶然机会或者原因，从企业资金中拨出一定金额支持公益活动；有的企业虽然成立了公益基

---

① 唐文玉：《社会组织公共性：价值、内涵与生长》，《复旦学报》（社会科学版）2015 年第 3 期。

金会甚至公益基金，但是公益基金的数额明显不足或者缺乏稳定的供给，导致无法为公益行动提供充足或持续的保障。财产公益性缺失或不足，影响企业稳定，也制约着企业持续承担社会责任、开展慈善公益行动。

6.2.1.3　封闭性阻断公益生态链形成

目前来看，除个别汽车流通品牌企业之外，大多数汽车流通领域的品牌公益行动是品牌企业的"单打独斗"，具有一定的封闭性，从而阻断了品牌公益领域生态链的形成。具体表现在以下几个方面。第一，部分企业的公益活动主要由本企业员工参与，未能有效地吸引客户、上下游关联企业的参与。以部分汽车流通领域的企业公益行动为例，其公益慈善多是汽车流通企业的个体行为，缺乏基于企业、车主、行业协会等多元主体共创的公益慈善生态建设。在车主层面，车主参与意愿大，但活动设计的吸引力不足，触达车主的传播力有限。第二，品牌企业之间在公益行动上缺少联系、合作与互动。品牌公益主要以企业为核心开展公益活动，与其他品牌企业缺少沟通、合作与共享。第三，部分品牌企业与行业协会、专业慈善组织缺少足够的合作与互动。部分企业的动员范围局限于客户、经销商，未能更为充分地挖掘社会资源，无法更好地与外界沟通，实现资源共享。

公益生态链的缺失，导致汽车流通领域的品牌公益无法形成有效的合力，进而导致公益资源的浪费或者重复行动等问题。

6.2.1.4　公益理念与行动有待优化

从现实来看，受制于汽车流通领域品牌公益的非专业性或者副业性，部分汽车流通领域企业的公益慈善实践存在理念偏差、行动有待优化的问题。第一，部分企业对公益慈善的理解存在偏差。通过调研可知，部分企业将扶贫救困等同于公益慈善，重慈善而轻公益，大大缩小了公益的范围。理论上看，公益是更为宽泛的概念，企业对公益的狭隘理解，直接影响了其公益行动的内容和范围。第二，部分企业未认识到"公益"与"品牌"的科学联系。部分企业将"公益"视为政治任务或者负担，导致其公益行动缺乏动力，有效性不足。有些企业将公益当成作秀，存在走过场的嫌疑。第三，部分企业未能将公益行动与企业发展战略有机结合。这使得品牌公益的优势无法更好地发挥，而且可能导致该类企业做公益的动力不足。第四，部分企业的公益活动单一、范围过窄。比如，有些企业的公益行

动仅限于"精准扶贫",有的企业的公益行动仅限于建设
"希望小学"。第五,部分企业的公益活动存在同质化、重
复化、相互模仿的问题,缺乏创意和创新,导致公益资源
的浪费和不均衡。

企业公益理念和公益行动的偏差,关键原因是未能充分
认识到公益的互益性、利益共享化本质。

6.2.1.5　存在内在局限与风险

企业品牌以及品牌公益的特殊性,也使得汽车流通领域
的公益行动存在内在的局限性和风险。

首先,汽车流通领域品牌公益的局限性主要体现在以下
两个方面。第一,品牌公益更依赖于企业提供相应的资源,
而企业提供资源的能力又取决于企业的盈利能力或者企业效
益。因而品牌公益的行动能力与企业的盈利能力和造血能力
有直接关系,一旦企业盈利不足,品牌公益便往往无以为
继。第二,品牌公益的专业性不足。虽然部分企业开始成立
公益基金或者基金会专门从事公益行动,但与专业的公益组
织相比,品牌公益的专业性仍然不足。

其次,汽车流通领域的公益行动也存在一定的风险。有
学者认为,企业做公益将为企业带来三种风险:消费者认知

风险、财务风险和法律风险。[①] 我们认为，品牌公益的风险主要体现在以下方面。第一，品牌公益行动可能给企业带来法律风险。部分公益行动中，公益行动参与者和受益人的生命、财产安全存在一定的风险，一旦发生问题，首要的责任便会由公益行动的发起人承担。第二，品牌公益行动对于品牌影响是一把双刃剑。品牌公益行动可能给品牌塑造带来不利的影响。比如，品牌公益行动如果存在问题，将直接影响公众对品牌的认知。另外，品牌公益行动有可能混淆品牌认知，即公众搞不清到底是公益组织还是企业。第三，品牌公益活动也意味着较大的成本，可能会给企业发展带来不小的资金压力。比如，Ross 等认为企业做公益的资金来源于企业的营销预算，企业做公益会减少企业其他营销活动的市场预算。[②]

6.2.2　中国汽车流通行业公益慈善的机遇

当前，中国汽车流通行业企业开展公益慈善行动同样存

---

① 刘勇、张虎：《公益营销：通过做好事 把事情做得更好》，中国经济出版社，2011。

② Ross J K., Stutts M A., Patterson L T., "Tactical Considerations for the Effective Use of Cause——Related Marketing," *The Journal of Applied Business Research*, 1991, pp. 58 – 64.

在相当多的机遇。从外部来看，我国公益慈善行业的蓬勃发展，为汽车流通行业的公益行动提供了经验借鉴和制度理念支撑；从内部来看，中国汽车流通协会的引领、汽车流通行业本身的蓬勃发展以及企业和车主公益观念的提升均为汽车流通行业开展公益行动提供了更好的条件。以下详细介绍汽车流通行业公益慈善的内部机遇。

6.2.2.1　中国汽车流通协会的引领与凝聚力

中国汽车流通协会对于本行业领域公益事业的重视与积极行动，是汽车流通企业开展公益慈善行动的坚强后盾，且对汽车流通企业开展公益慈善行动具有引领作用。近年来，中国汽车流通协会非常重视行业内公益慈善事业的发展，并且积极谋求为行业企业开展公益行动提供服务。作为汽车流通行业的枢纽和桥梁，中国汽车流通协会掌握着全行业的公益信息资源，并且与政府、媒体及其他企业有着密切的联系，因而可以为本行业的企业开展公益行动提供更为充分的信息和丰富的资源。

中国汽车流通协会为本行业企业开展公益慈善行动提供价值引领、行动指导、平台搭建等全方位的服务，从而使得汽车流通企业的公益理念得以优化，公益行动得以改善。总之，中国汽车流通协会对于公益的重视以及积极开展的行动，对于汽车流通领域的公益慈善事业开展具有重要的引领作用。

6.2.2.2 中国汽车流通行业蓬勃发展

理论上，品牌公益的核心支持在于企业本身的盈利能力，因而汽车流通领域公益慈善事业的蓬勃发展，有赖于整个行业的发展以及企业盈利能力的提升。从现实来看，中国汽车流通行业的蓬勃发展，为行业企业开展慈善公益行动提供了更为充足的动力与保障。根据数据统计，"十二五"期间，我国汽车流通体系建设得到较快发展，流通网络日益完善，新型流通模式不断涌现，流通现代化步伐加快，营销服务能力显著增强，总体规模快速增长，形成了经营主体多元化、经营模式多样化、多渠道并存的汽车流通良好发展格局。2017 年，我国汽车产销量分别为 2901.5 万辆和 2887.9 万辆，连续九年蝉联全球第一。2018 年 1~5 月，汽车产销 1176.80 万辆和 1179.24 万辆，同比增长 3.84% 和 5.71%，增速比 1~4 月提升 2.06 个百分点和 0.93 个百分点。未来，我国将加快汽车流通体系建设，改善市场环境、提高用户满意度、扩大汽车消费，促进我国汽车市场可持续发展。未来

我国汽车流通行业前景看好。^①

6.2.2.3　企业和车主公益观念的提升

汽车流通行业的公益活动，离不开运营商、关联企业、车主以及其他群体的参与和互动，而参与和互动的积极性与有效性又有赖于各主体公益观念的提升。从全国层面来看，随着我国居民经济水平的提升、公益慈善观念的传播，汽车流通领域的企业、员工、车主、关联企业等均具有了较强的参与公益行动的意愿，特别是车主对公益慈善事业的参与度得到显著提高。企业与车主公益观念的改变、公益意愿的增强，为汽车流通行业开展公益行动提供了重要的契机。

6.3　行业公益慈善发展建议

中国汽车流通行业公益慈善发展需要绘制"蓝图"。中国汽车流通行业公益慈善的发展，应当以促进整个行业的健康可持续发展为宗旨，以构建符合本行业特点的公益慈善模式与生态为目标。推动汽车流通行业公益慈善事业的发展，

---

① 《2019－2023 年中国汽车流通行业投资分析及前景预测报告（上下卷）》。

有必要针对当前汽车流通行业公益慈善存在的问题，结合品牌公益的理念，对公益慈善的各个环节进行优化。

6.3.1 打造汽车流通领域品牌公域，优化汽车流通行业公益生态

理论上，企业品牌公域是品牌公益的载体和有机土壤，因为品牌公益的核心要素便是治理公域化。推动汽车流通行业品牌公益的发展，有必要打造企业品牌公域，优化汽车流通行业公益生态。

首先，打造企业品牌公域。企业品牌公域是基于品牌公共性而形成的集公共舆论与行动于一体的公共空间和场域。以推动品牌公益为目的而打造的品牌公域，本质上是实现品牌治理的公域化。打造品牌公域的措施包括但不限于以下几点。第一，以品牌为核心，凝聚品牌共同体。品牌共同体是品牌公域产生的前提。第二，引导围绕品牌的公共舆论。通过品牌宣传或者品牌活动，引导围绕品牌的公共舆论形成和讨论。第三，策划和组织与品牌相关的集体行动。品牌共同体、品牌公共舆论和品牌集体行动是打造品牌公域的三大关键要素。

其次，构建和优化以企业品牌为核心的公益生态链。要使汽车流通企业摆脱"单打独斗""各自为战"的尴尬局面，关键是要建构和优化以企业品牌为核心的公益生态链。品牌公益生态链的建构与优化，应把握以下几点。第一，优化品牌公益的内部结构。品牌公益的内部结构是开展公益行动的基础，包括内部组织机构、人员构成、章程、资金等。应当从专业化、独立化的角度，优化品牌公益的内部结构。第二，搭建全方位多层次的合作平台。为了更好地实现资源共享、优势互补，企业亦应当加强与外部的合作。品牌公益的合作主要有四个层次。层次一，品牌企业与品牌企业之间的合作。不同的企业各有自身的优势，企业之间可以进行有效的合作，发挥自身的特长，从而形成有效的品牌公益联盟。层次二，品牌企业与社会组织、慈善组织之间的合作。企业与社会组织、慈善组织之间的合作，可以相互借力，实现优势互补。非营利组织的发展需要企业的合作与支持，企业履行社会责任也需要借助非营利组织的合作与支持。[①] 层次三，企业与政府之间的合作。企业通过公益与政府合作，是较为安全而且容易得到政府认可的方式。层次四，企业与

---

① 王名、廖雪飞、阴晓涛：《中国非营利组织的发展与企业公益活动》，《经济界》2008 年第 1 期。

行业协会、媒体之间的合作。第三，行业协会应当积极推动全行业公益生态系统的建设。行业协会的公共使命决定了其应当为全行业开展公益行动贡献力量。行业协会应当在充分调研的基础上，倡导和组织行业会员积极行动，搭建全行业的公益网络和平台，实现资源的整合、共享，并形成公益合力，建构良性的行业公益生态。第四，品牌公益应当注重伦理道德建设，培养法治思维。公益行动若没有伦理道德支撑，必然会黯然失色，若不遵守法律制度，也无法长久，因而伦理道德建设和法治思维，是品牌公益生态建设的重要内容。品牌公益组织应当加强规章制度建设，建立自我监督和纠正机制，防范公益行动突破道德底线、违反法律规定。第五，品牌公益行动亦应当做到财务透明、行动公开，接受社会的监督。为了更好地确立公信，品牌公益亦有必要引入第三方评估机制，对项目进行测评，增强项目的公信力。

6.3.2 通过公益行动提升企业品牌影响力和价值

推动企业公益行动与企业商业发展战略的有机融合和相互促进，是公益行动持续且有效的重要保障。因而汽车流通领域应当注重通过公益行动提升企业品牌影响力和价值。首先，品牌公益行动中，注重对品牌的宣传或者在公益行动中进行品牌嵌入。比如，宝马爱心基金开展的所有项目，都是以"宝马××""BMW××"形式冠名，而且活动中会使用品牌标识，通过多种途径将品牌嵌入公益活动之中。其次，注重吸纳企业客户和关联企业参与公益活动，项目的设计注重激发车主、关联企业参与公益的热情。最后，注重将企业文化、价值观等注入公益行动中。比如，可口可乐公司、宝马公司在开展公益行动时，注重将公司的价值观融入公益项目，其中一个非常重要的目的便是在公益行动中，宣传公司的价值观，提升公众对公司价值的认同。汽车流通行业的企业也可以结合自身特点，通过巧妙的制度设计，使得公益行动能够有效地提升企业品牌的影响力，促进价值的传播。

6.3.3 推动汽车流通企业财产公益化

企业财产公益化是确保品牌公益稳定、持续供给的基础，也是品牌公益得以独立存在的前提。因此，为了更好地促进品牌公益，应当多措并举，推动品牌财产的公益化，并建立有效的品牌财产公益化机制。首先，实现品牌财产公益化有必要将企业财产和公益财产相分离，对于公益财产建立单独账户或者成立基金（会）。其次，品牌财产公益化，需要政府的支持。为了激励品牌财产公益化，政府可以出台相应的税收优惠及其他奖励政策，鼓励企业将部分财产进行公益化。再次，企业内部应当建立财产公益化的机制，使得品牌财产公益化有章可循，有人负责，持续和稳定地提供公益财产。最后，除了企业内部资源之外，还应当积极吸收外部资源，使得内部和外部资源集聚形成统一的公益化财产。

6.3.4 "公共性"引领汽车流通行业品牌公益

企业品牌一旦形成，便具有独立于公司市场性的"公共性"面向。公益本质上属于"公共事务"，即属于公共性的范畴。因此，基于品牌而进行的公益活动应当以"公共性"作为重要的价值引领。而公共性的内涵便是共享性。

企业品牌公益坚持"公共性"价值引领，本质上是将"公共精神""公共价值""公共行动"等融入品牌公益的理念与行动之中，实现企业部分资源的"利益共享"。

首先，汽车流通行业的公益行动应当注重公共精神的融入和塑造。这就要求企业将品牌作为一项公共事业对待。品牌维护和发展，不仅是公司的"私事"，还是关系到客户、社会和国家利益的"公共事业"。当我们将品牌作为一项公共事业来管理时，公益便成为品牌自然的"外溢"。品牌企业做公益，不仅是"企业家的善心"，而且是企业作为公共体一员，对于公共事务应尽的一份义务和责任。因而品牌公益要坚持"公共精神"的融入和塑造，不能将公益行动等同于"捐赠"和"扶贫"。

其次，汽车流通行业的公益行动应当区别于"公益营销"，公益营销是将公益作为营销手段，是一种"化公为私"的行动；品牌公益则是将公益作为一种独特的使命和责任，是一种"化私为公"的行动。坚持以公共性为价值导向，意味着品牌公益不是企业对社会的恩赐，而是企业应尽的社会义务，是一种责任。

再次，汽车流通行业的公益行动应当以推动和实现品牌的公共性为重要的价值追求。在现代社会里，以公共性为价值目标的集体行动才能维护社会正义，才能获得正当性。[①]企业社会责任概念的提出，实际上是对企业作为共同体一员之合法性的一种终极追问。企业存在的正当性在于，在追求私目标的同时，外溢出公共性，从而获得正当性。因而，汽车流通行业的公益行动应当以公共性为终极价值取向，从而

---

① 王稚琴：《治理视野下的行政公共性》，《中国行政管理》2015 年第 9 期。

为企业的存在提供正当性。既然汽车流通行业的公益行动以公共性为价值追求，就应当注重以解决公共事务、回应公众需要、符合公众利益为原则。

最后，汽车流通行业的公益行动以公共性为引领，还要求企业建立"利益共享格局和理念"。第一，汽车流通企业应当树立企业发展的部分成果为社会共享的理念和意识，这是品牌公益的核心之一。第二，在利益共享的观念引导下，企业还应当建立一定的利益共享格局和机制，使得社会公众、客户以及关联企业等，能够共享企业的部分发展成果。而在更高层面上，汽车流通企业应通过项目设计使得公益行动的参与者能够贡献各自的资源，而且共享这部分资源。

6.3.5　营造与优化汽车流通行业的品牌社区

品牌社区是品牌公益的重要载体和场域，而品牌社区的营造实际上是品牌治理公域化的体现和结果。从实践来看，品牌社区与品牌公益往往是互为因果、互相促进的。宝马公司的公益行动以"爱心社区"为名，实际上是在打造"品牌公益社区"。因此，无论是从促进汽车流通企业公益行动的角度，还是从提升企业品牌影响力的角度，营造和优化汽车流通行业的品牌社区都是企业的明智之选。品牌社区反映了品牌的社会属性，消费者寻求的不仅仅是产品、服务的使用价值或品牌的象征性价值，更多的是联系价值——与其他人、社区或社会的联系，而这种联系价值必须依靠品牌社区来实现。①

首先，品牌社区营造有助于更好地开展企业公益行动。品牌社区的形成意味着用户基于对于品牌及其价值的认同而形成一个共同体，在共同体内部形成责任感和集体意识。这种责任感、归属感是吸引客户参与到公益行动之中的重要心理基础，并且是客户持续参与公益行动的动力机制。

其次，通过公益行动营造品牌社区"事半功倍"。品牌社区的营造对于培养用户忠诚、提高品牌价值具有积极意义。从实践来看，通过公益行动营造品牌社区能够起到事半功倍的效果。一方面，公益行动比起纯粹的商业营销活动，更容易引起消费者的兴趣和认同，更容易引起"品牌联想"。另一方面，公益的公共性决定了公益行动可以整合或者借助外部资源，从而使得社区营造的成本降低，收益反而

---

① 李建州：《简论品牌社区》，《经济管理》2005 年第 6 期。

提高。汽车流通企业通过公益行动打造品牌社区，可以使"公益"与"商业"有机融合，提高社区的凝聚力和感情认同。

最后，品牌社区的营造与优化应当多措并举。根据学者的考察，品牌社区的营造应当注重培养意见领袖、改进营销措施和积极支持社区活动等。同时，还应当注重对社会的持续回馈。在这一点上，部分国际性品牌的做法值得借鉴。可口可乐基金会总裁 Helen Smith Price 表示："我们从 2007 年承诺，每年都至少将上一年度营业收入的 1% 回馈社会。我们相信，只有可口可乐服务的社区强大起来，公司才能良性运行并实现可持续发展。"①

品牌社区是品牌治理公域化的结果，因而品牌社区的打造应当注重治理公域化：第一，注重公共精神的引入，即品牌社区的营造不是仅仅为了"盈利"，而是为了打造公共空间；第二，关注和解决公共事务，即品牌社区的营造应当以解决公共事务、促进公共利益为纽带和渠道，而不仅仅依赖商业行动；第三，品牌社区的营造应当注重共同体的培育，而且应当建构以汽车流通企业品牌为中心的治理结构和治理策略。

---

① http://www.sohu.com/a/259838745_100119172，最后访问日期：2019 年 3 月 18 日。

6.3.6　强化汽车流通行业公益的"参与性"和"内在德性"

理想状态的公益结构应当具有开放性，注重参与性和内在德性。与传统公益模式相比，汽车流通行业公益行动的开放性往往不足：有些企业的公益活动仅限于捐赠，有的仅限于内部员工，有的只吸引少量的客户参与。而在"内在德性"方面，品牌公益也有待提升。

首先，强化汽车流通行业公益的"参与性"。参与既是品牌公共性的要求，也有助于推动品牌的公共性。理论上，品牌公益中的参与，可以经由形式的公共性，促进实质公共性的实现。[①] 而且公益慈善归根结底是全社会的事情，需要个人的主动参与。[②] 因而，汽车流通行业的公益行动亦应当强化参与性。汽车流通行业的参与性有四个方面的内涵：第一，汽车流通行业的公益应具有开放性，允许和鼓励不同主体加入其中开展公益行动；第二，参与性意味着不同主体进入公益场域是基于自愿而非强迫；第三，参与性意味着要发

---

① 王稚琴：《治理视野下的行政公共性》，《中国行政管理》2015 年第 9 期。
② 王名：《中国公益慈善：发展、改革与趋势》，《中国人大》2016 年第 7 期。

挥各方的主动性和积极性，各方均是主体，均可以提供公益品；第四，参与性意味着各方均获得相应的角色，有参与的存在感，能够发现自我、实现自我。而为了强化汽车流通行业公益的参与性，应注重以下几点：第一，应当激发各方的参与热情；第二，应当提供和优化参与渠道；第三，应当确保参与的持续性和安全性。而在吸引参与的对象上，存在三个层次。第一层次，企业内部员工的参与。第二层次，上下游关联企业和客户的参与。品牌企业做公益的优势，在于借助品牌的吸引力，提高与品牌存在关联的各方的参与热情。第三层次，其他社会成员。吸引更多主体加入公益行动，有助于提升参与者的仁爱、公义精神，有助于激发受助人的感恩情怀和将来回馈社会的道德动力。

其次，提升汽车流通行业公益的"内在德性"。理论上，社会公众会依据公益组织的道德选择和社会后果对其进行评价，[①] 企业公益自不例外。企业公益的局限性在于其可能过于注重"品牌"价值提升，潜藏营利动机。为了克服上述弊端，汽车流通行业的公益应当注重培育"内在德性"。这里的"内在德性"包括以下几点。第一，汽车流通行业的公益应当以"化私为公"和"利他"为基本价值追

---

① 余玉花、李敏：《论公益组织的诚信生态》，《伦理学研究》2016 年第 5 期。

求。麦金泰尔认为，良善生活定是社会的、利他的，[①] 品牌公益应当追求公益而不是私利，这是最基本的伦理底线。第二，公益供给主体应当讲求诚信、坚守底线。[②] 第三，汽车流通企业公益应当注重培育"公共道德"。第四，汽车流通企业公益应当注重对参与者各方意志和感情的尊重。韩国学者金泰昌指出："无论以哪个主体来开拓公共性都不能像以前那样通过牺牲'私'来构筑'公'，而是要活用'私'，通过'私'的参加来开拓'公'。"[③] 第五，汽车流通企业公益行动应当公开、透明。第六，汽车流通企业公益应当注重引导个人由"私"向"公"，培育公民的公共理性。公共理性的形成是公民意识培养、公共领域秩序维持、公共生活构建以及多元共识形成的关键。[④] 公共理性贯彻于意志的诞生过程，最终形成以社会的共同福祉为最高利益的观念。第七，汽车流通企业的公益行动应当注重参与者"自我实现"。因为自我实现是马斯洛"需求理论"的较高层级。汽车流通企业公益应当注重德性的阐发。品牌公益的目的，不仅在于彰显品牌价值，还在于通过公益行动，使品牌参与者

---

① 万俊人主编《20 世纪西方伦理学经典》，中国人民大学出版社，2005，第 148 页。
② 余玉花、李敏：《论公益组织的诚信生态》，《伦理学研究》2016 年第 5 期。
③ 参见〔日〕佐佐木毅、〔韩〕金泰昌主编《中间团体开创的公共性》，王伟译，人民出版社，2009，第 33 页。
④ 王稚琴：《治理视野下的行政公共性》，《中国行政管理》2015 年第 9 期。

的德性、公心得到更好的阐发。

6.3.7　推动以汽车流通企业品牌为中心的公益品供给

品牌公益作为一种公益模式，具有独特的优势，是企业做公益值得推广和利用的公益模式。特别是对于已经具备一定品牌影响力的企业或者组织而言，选择品牌公益模式，推动以品牌为中心的公益品供给无疑是非常明智的选择。汽车流通企业选择"品牌公益"模式应当注意以下几点。

首先，汽车流通企业所选择的公益活动必须符合企业品牌的核心价值以及目标人群的喜好。企业做公益绝不能见好事就做，不管公司的实力有多雄厚都不可能有足够的资源来运作全方位的公益事业。如果能选择其中一些适合公司的公益，把它做好就能帮企业树立良好的品牌形象；如果公益行为与品牌核心价值不符，就会使品牌形象模糊。公益行为越多，大家就越不知道这个品牌代表着什么。因此，公益活动的具体策划必须注意定位问题，公益活动要与企业主营领域，特别是营销任务的主体有着明确的相关性。①

其次，汽车流通企业公益应当以品牌为"公器"，充分

---

① 葛笑春：《企业公益品牌策略的案例研究》，《商业研究》2009 年第 4 期。

彰显企业品牌公共性。汽车流通企业推动品牌公益，应当充分认识企业品牌的公共性，并且充分利用品牌的公共性组织相关的公益活动。根据已有的成功经验，结合品牌的公共性，汽车流通企业公益的基础工作应注意两点。第一，成立品牌基金会。为了确保公益的持续性和专业性，企业可以成立以企业"品牌"命名的基金会。利星行慈善基金会、腾讯基金会、阿里巴巴基金会都是比较成功的例子。第二，搭建品牌共同体。汽车流通企业可以借助品牌本身的公共性、吸引力和凝聚力，多措并举，建立以企业品牌为中心，由企业员工、上下游企业、客户以及其他爱心人士构成的共同体，从而为公益行动提供行动者或支持者。

再次，聚企业品牌之公信，提高品牌公益的凝聚力和吸引力。公益以公信为前提，品牌公益则以品牌的公信力为基础和前提，因而促进品牌公益应当注重打造和提升企业品牌的公信力。企业品牌公信力的打造与提升，需要从三个层面着手。第一，注重培育品牌精神。企业应当注重将企业精神和公益精神融入品牌，使得品牌本身能够产生独立的价值和影响。第二，塑造品牌文化。企业应当注重将文化建设品牌化，将企业文化和价值融入品牌，使品牌具备丰富的文化内涵。第三，规范品牌伦理。企业行为应当遵守一定的道德规范，并且注重企业经营行为的内在德性，使品牌本身能够成为"道德"的典范。

最后，行企业品牌之公益，围绕品牌展开公益行动。品牌公益以品牌为核心的特点决定了该模式下公益行动的对象和范围具有层次性，按照与品牌的关联度，由内而外分别如下。第一，服务品牌社区。品牌社区是与品牌联系最为密切的人构成的共同体，品牌公益首先应注重服务品牌社区的人群。第二，服务行业共同体。行业共同体是企业所在行业的企业、组织构成的共同体，品牌公益行动亦应当注重服务行业共同体。第三，支持公益慈善。企业品牌公益与其他公益模式相同，亦应当以为社会公众提供公益品为核心使命和追求，因而品牌公益行动的核心和主要内容仍然是支持公益慈善，应当注重品牌公益的包容性。

6.3.8 基于"一带一路"，建构全球汽车流通企业公益品牌

"一带一路"背景下，更多的中国企业将"走出去"，而中国企业"走出去"的关键是能够融入当地社会、树立品牌形象，获得当地民众和政府的认可。从国际知名品牌进

入中国的成功经验来看，公益行动与企业发展同行、将公益行动纳入企业战略，是很多企业提高品牌知名度、融入当地社会的重要方式。我国企业"走出去"，完全可以参考国际知名品牌的经验，在积极拓展当地业务的同时，更加主动地承担社会责任、开展公益行动，打造具有全球影响力的公益品牌。

建构全球公益品牌应当坚持以下几点。第一，沿着"一带一路"，形成以品牌为核心的公益共同体。"一带一路"沿线国家的政府、关联企业、客户等，可以基于某种品牌而形成共同体，并在该品牌公益理念和行动的感召下，形成公益共同体。品牌企业应该注重在开展对外业务的同时，积极打造公益共同体。第二，建构全球公益品牌需要与当地公益组织和政府紧密合作。从国际知名品牌的成功经验来看，全球公益品牌的打造，离不开与当地社会组织和政府的合作。"一带一路"沿线国家和地区的经济发展水平、自然环境、文化传统等存在较大的差异，因而各地对于公益品的需求及接受方式存在较大差异，而只有当地的社会组织和政府能更准确地把握本地的实际情况和需求，因而建构全球公益品牌亦需要因地制宜，加强与当地政府和社会组织的合作。第三，建构全球公益品牌需要成立专门的公益基金会。从宝马、奔驰等国际知名品牌的经验来看，建立全球公益品牌，需要建立品牌公益基金会，从而实现公益慈善资金的专门化。第四，建构全球公益品牌应当注重将公益战略与企业的全球发展战略相融合。无论是从理论还是从现实来看，将品牌公益与企业发展战略相融合都是品牌公益"做大做强"的重要保证，我国企业要打造全球公益品牌，应当注重将公益行动与企业"走出去"的发展战略相结合。

6.4 中国汽车流通行业公益慈善规划实施机制

中国汽车流通行业公益慈善的"蓝图"需要科学的实施机制予以落实。结合该行业的特点，公益慈善规划实施机制包括但不限于：平台搭建、信息汇集、人才培养、资源共享、行业评估等方面。

6.4.1 搭建行业公益平台

公益平台是开展公益行动与合作的载体。结合汽车流通行业的现状与特点，该领域公益平台分为三个层次：第一，行业协会主导的公益联盟；第二，企业单独或者联合成立的基金会；第三，企业品牌构成的社区。这三个层次构成汽车流通行业公益的平台体系。

6.4.1.1　成立汽车流通行业公益联盟

作为中国汽车流通行业的枢纽和引领者，中国汽车流通协会应当在促进行业公益慈善事业、提高行业公益慈善规范性和有效性方面发挥更大的作用。中国汽车流通协会的优势在于搭建行业公益平台，因而应当以中国汽车流通行业协会为纽带和主导，建立中国汽车流通行业公益慈善平台网络。因此，中国汽车流通行业协会可以借助其信息优势和行业权威，主动联系并发起汽车流通行业公益联盟。

公益联盟的宗旨在于：第一，实现汽车流通行业领域公益信息互通、资源共享；第二，实现对汽车流通领域公益活动的互帮互助；第三，实现对汽车流通行业公益活动的监督和规范；第四，筹划建立行业公益慈善基金（会），以发挥行业力量推进公益慈善活动。

6.4.1.2　推动以品牌命名的公益基金（会）建设

汽车流通企业建立以品牌命名的公益基金（会），具体而言，经济实力较为雄厚的企业可以成立以自己企业品牌命名的独立基金会，而经济实力较弱的企业，可以尝试成立联合基金会或者与公益组织合作成立公益基金。

通过考察可知，越来越多的企业倾向于通过建立以品牌名称命名的公益基金或者公益基金会，为公益行动提供资金支持，并作为开展公益行动的平台。比如，北京利星行汽车于2010年成立了"北京利星行慈善基金会"，集团通过基金会这一平台支持帮扶青少年教育、扶助特殊群体等慈善事业。实际上，不只是汽车流通行业，其他领域的企业也纷纷加入成立品牌基金会的行列，目前以品牌为名称设立的企业基金会包括但不限于：腾讯公益基金会、阿里巴巴公益基金会、万科公益基金会、顺丰公益基金会等。这些基金会的共同特点便是以企业品牌名称命名基金会，基金会形式为非公募，资金主要来源于企业或者企业共同发起人。

部分企业虽然没有成立专门的基金会，但与其他基金会合作设立了以品牌名称命名的公益基金。比如，2008年6月5日，宝马中国和华晨宝马共同捐资，携手中华慈善总会设立中华慈善总会宝马爱心基金，为包括BMW员工、经销商和爱心车主在内的宝马大家庭建立一个持续的、汇聚爱心的平台。2010年6月，梅赛德斯－奔驰（中国）汽车销售有限公司与中国青少年发展基金会携手设立梅赛德斯－奔驰星愿基金，该基金是目前奔驰在全球范围内启动资金最多的综合性公益事业基金，并针对环境保护、教育支持、艺术体育、社会关爱以及驾驶文化等五大领域开展工作。该基金启动资金为 3000 万元，是目前中国汽车行业内启动资金最多的公益基金之一。

质言之，以品牌命名的公益基金会或公益基金，均是企业财产公益化的过程和结果。企业的部分财产独立出来，用于支持公益行动，此时这部分财产已经公益化，即这部分财产本身呈现出公益性。品牌公益基金会和公益基金的存在，还意味着企业经营不再只是"自利性"的私行为，企业的经营所产生的利益具有了共享性。换言之，品牌公益意味着品牌之外的相关主体，可以分享品牌发展的成果和利益。

从现实来看，成立品牌公益基金会和品牌公益基金具有积极的意义。首先，品牌基金（会）的名称与企业品牌相同，基于品牌基金（会）而开展的公益活动，有助于提升品牌的影响力。其次，成立品牌基金（会）可以使企业或者品牌公益活动常态化、专业化。再次，品牌基金（会）使得企业资本与公益资金实现分离，确保公益资金的专门

化，金额更加明确、使用更加透明。而且成立专门的公益基
金（会）可以提高企业公益资金的使用效能。最后，品牌
基金（会）的存在，为企业或者品牌与政府、社会的合作
与交流提供了一个更加安全的和便捷的平台。公益基金
（会）的公益本质，使得其他合作者可以免除后顾之忧。

6.4.1.3　以汽车流通行业品牌为纽带展开行动

围绕汽车流通企业品牌搭建的社区本身也是公益活动
开展的重要平台。品牌公益的主要行动者是以品牌为纽带
形成的多元化主体构成的"共同体"，行动者与受益者之
间存在交叉、融合以及互相转化的关系。企业、公益参与
者与受益者围绕品牌开展公益行动，品牌是此类公益的核
心纽带和桥梁（见图22）。首先，汽车流通企业公益中起
主导作用的公益行动者是汽车流通企业，既包括企业的分
支机构，也包括企业的内部机构和职员。汽车流通企业及
其职员是恒定的行动者，有时候可能是唯一的行动者。其
次，除了企业之外，汽车流通企业公益的行动者往往还包
括与企业品牌有密切关联的主体。从实践来看，这些主体
主要包括：与品牌相关的上下游关联企业、品牌客户、品
牌潜在客户以及认同品牌价值的主体。最后，汽车流通行

业公益的受益者同样以品牌为核心，包含以下类型：品牌企业内的员工、品牌上下游关联企业及员工、品牌客户、普通的困难群众。

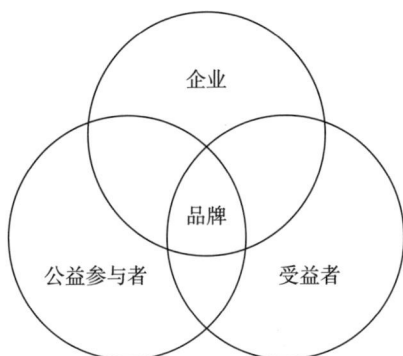

图 22　品牌公益主体结构与关系

以宝马爱心基金为例。截至 2017 年底，宝马（中国）汽车贸易有限公司和华晨宝马汽车有限公司，带动其利益相关方，通过各公益机构，共同对宝马爱心基金进行慈善公益类捐助，捐款总额累计达到人民币 9600 万元。同时带动 250 多家 BMW 经销商以及超过 86700 名车主、员工投身于各类公益项目，受益群体超过 157600 人次。[①] 从宝马品牌公益行动来看，宝马公司是品牌公益的主导者，关联公司、经销商、车主和员工是公益的主要参与者，这些主体的共同特征是均与

_____

① 资料来源：宝马爱心基金网站。

宝马品牌有着直接的关联和利益相关性。换言之，品牌公益的行动者主要是以品牌为纽带而建立起来的多元化共同体，这些主体相互交融，特定情况下相互转化。

值得强调的是，品牌公益行动者以品牌为纽带的现实，恰恰印证了品牌的公共性和品牌公域的客观存在。正是品牌的公共性和品牌公域，使得与品牌存在密切联系的主体，可以形成集体的公益行动。而品牌公益中，多元主体之间相互转化的关系，恰恰证明了利益共享化的特色——以品牌为纽带的相关主体，分享企业盈利带来的利益。

6.4.2　汇集行业公益信息

信息是进行公益策划、开展公益行动的基础，因而推动汽车流通行业公益事业的发展，有必要建立畅通的信息搜集和共享机制。

6.4.2.1　搜集行业公益信息，绘制行业信息全图

中国汽车流通协会以及会员企业，应当注重本行业公益信息的搜集和提供。这些信息包括受助对象信息、资源信息、志愿者信息、项目信息等，通过对各种信息的搜集，形

成中国汽车流通行业公益慈善信息全景图，一方面为各主体参与公益活动提供信息支持；另一方面，可以更好地了解中国汽车流通行业的发展动态。

6.4.2.2 推动信息共享，实现互通有无

首先，在建立汽车流通行业公益联盟的基础上，为行业公益联盟提供信息搜集、整合和分享的重要平台。其次，中国汽车流通协会建立公益信息搜集和贡献的机制。中国汽车流通协会可以在自己的网站和纸质简报上，设立公益慈善专栏，定期发布慈善信息和公益动态。最后，汽车流通企业亦通过各种渠道，将企业公益信息和行动进行公开，公益信息一般不涉及商业秘密，因而应当积极共享，通过信息共享，实现互通有无。

6.4.3 培育行业公益人才

稳定有效的公益慈善行动不能仅靠善心，还需要专业的知识和技术，因而需要培育汽车流通行业的公益人才。中国汽车流通行业公益人才的培养包含两个层面：行业公益人才和企业公益人才。

6.4.3.1 行业内公益人才培育

汽车流通行业作为一个特殊的行业，整个行业的公益生态建设需要专业的人才和知识。因而，汽车流通行业内部有必要建立人才引进和培育机制，将爱公益、懂公益的人才纳入本行业的服务工作中，同时，还应当对本行业内的服务人员进行公益慈善专业知识的培训和教育。特别是各级汽车流通协会，应当吸引具备公益慈善知识或者经验的人员进入本协会，并将公益人才的培养和培训作为今后协会工作的一项重要内容。

6.4.3.2 企业内公益人才培育

汽车流通企业要想把公益慈善真正做好，需要有更加专业的团队来运作。因而建议汽车流通行业内部的企业，引进公益慈善领域的专业人才，负责本企业的公益慈善工作。对于中小型企业，则应当对内部从事公益慈善工作的人员进行专业化培训，使其用更专业的方式从事慈善活动。

6.4.4 共享行业公益资源

公益慈善行动需要资源的支持，且公益慈善的有效性评价标准之一便是资源配给的均衡性与充分性。因而推进中国汽车流通行业公益慈善事业发展，需要建立行业内外公益资源共享机制。中国汽车流通行业公益慈善资源共享包含两个层面：行业内部公益资源共享和行业间资源共享。

6.4.4.1　行业内部公益资源共享

一方面，中国汽车流通协会以及各地的汽车流通协会，应当充分发挥自身优势，为行业内部不同企业之间公益资源的共享提供便利和指导，使得行业内部公益资源共享成为一种常态，从而形成慈善合力；另一方面，各汽车流通企业也应当改变过去"闭门造车"的工作方式，积极寻求与其他汽车流通企业在公益慈善活动上的交流与资源的共享，实现优势互补。

6.4.4.2　行业之间公益资源共享

一方面，中国汽车流通协会以及各地的汽车流通协会，应当充分发挥自身优势，搭建行业内部企业与外部资源进行共享的渠道；另一方面，各汽车流通企业也应当积极寻求与外部资源在公益慈善活动上的交流与资源的共享，实现优势互补。

6.4.5　引入行业公益评估

为了更好地了解中国汽车流通行业公益慈善的总体状况，掌握中国汽车流通行业公益慈善的问题，并提出优化行业公益慈善的建议，有必要引入专业的行业公益评估机制。行业公益评估分为两个层面。

6.4.5.1　汽车流通行业的公益评估机制

中国汽车流通协会及各地方汽车流通协会，可以积极探索建立符合本行业特色的公益慈善评估指标体系和机制，对本行业整体公益慈善状况进行评估，或者对特定企业的公益慈善状况进行评估，从而准确把握本行业或者某企业公益慈善的真实状况以及科学性和有效性，为完善公益慈善事业提供科学的依据。同时，为了增强公益评估的有效性，建议邀请专业的第三方评估机构对公益活动进行评估。而为了提高公众和企业对评估的重视，应当将评估结果向社会公开，并且作为协会内部评奖、评级的重要参考。

6.4.5.2　汽车流通企业的公益评估机制

汽车流通企业，特别是大型的企业，有必要引入评估机制，对企业进行的公益活动之科学性和有效性等进行评估，以判断公益慈善活动的水平和效果，从而为及时进行战略调整提供科学的依据。汽车流通企业的公益评估宜由第三方评估机构进行，并且将公益慈善评估结果作为对相关部门和人员评奖、评级的重要参考，从而增强企业内部对公益慈善行动和评估结果的重视。

图书在版编目（CIP）数据

中国汽车流通行业公益慈善研究报告. 2019，从社会
责任走向共享价值 / 沈进军，王名主编. -- 北京：社
会科学文献出版社，2019.5
ISBN 978 - 7 - 5201 - 4807 - 8

Ⅰ.①中…　Ⅱ.①沈…②王…　Ⅲ.①汽车 - 商品流
通 - 产业 - 慈善事业 - 企业责任 - 社会责任 - 研究 - 中国
Ⅳ.①F724.76②D632.1

中国版本图书馆 CIP 数据核字（2019）第 087332 号

中国汽车流通行业公益慈善研究报告（2019）
从社会责任走向共享价值

主　　编／沈进军　王　名
副主编／宋　涛　李　勇

出 版 人／谢寿光
责任编辑／姚　敏
文稿编辑／郭　欣

出　　版／社会科学文献出版社　（010）59367161
　　　　　　地址：北京市北三环中路甲 29 号院华龙大厦　邮编：100029
　　　　　　网址：www. ssap. com. cn
发　　行／市场营销中心（010）59367081　59367083
印　　装／三河市东方印刷有限公司

规　　格／开　本：787mm × 1092mm　1/16
　　　　　　印　张：12.75　字　数：111 千字
版　　次／2019 年 5 月第 1 版　2019 年 5 月第 1 次印刷
书　　号／ISBN 978 - 7 - 5201 - 4807 - 8
定　　价／78.00 元